ROYAL
BALLET

Ballet
Spectacular

バレエの
世界（せかい）へようこそ！

あこがれのバレエ・ガイド

リサ・マイルズ[著（ちょ）]
英国（えいこく）ロイヤル・バレエ[監修（かんしゅう）]

河出書房新社

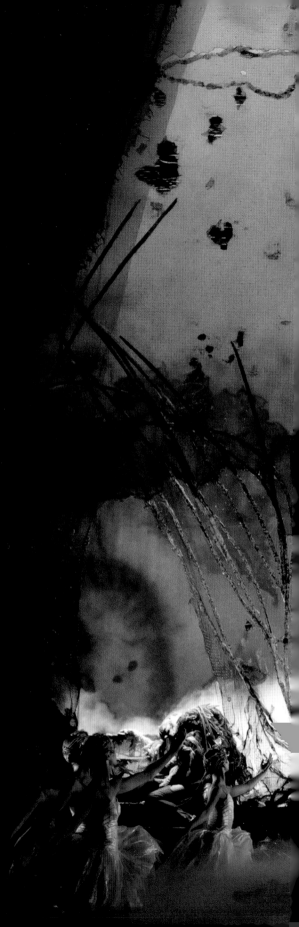

PICTURE CREDITS

BALLET SPECTACULAR

バレエの世界へようこそ！
あこがれのバレエ・ガイド

2015年3月30日初版発行
2023年5月30日新装版初版発行

［著者］リサ・マイルズ

［監修］英国ロイヤル・バレエ

［翻訳］斎藤静代

［翻訳協力］四家 恵　森 菜穂美

［編集協力］富永明子

［装幀］GOAT

［日本語版組版］株式会社キャップス

［発行者］小野寺優

［発行所］株式会社 河出書房新社
　東京都渋谷区千駄ヶ谷2-32-2
　03-3404-1201（営業）03-3404-8611（編集）
　https://www.kawade.co.jp/

ISBN978-4-309-25694-8
Printed and bound in China

もくじ
CONTENTS

バレエは芸術

バレエは、華やかな舞台を見ても楽しく、自分で踊っても楽しいダンスですが、とても高度なテクニックをつかいます。ダンサーは芸術家。言葉や歌ではなく、からだの動きで物語を見せ、人のからだの美しさを感じさせてくれます。

今日のバレエ

バレエは宮廷で踊っていたとくべつなダンスからはじまりました。それが数百年のあいだに変化して、今ではだれでも見にいけるようになりました。どこでも愛されるダンスになったのです。トップバレエ・カンパニーや有名なダンサーが、世界中の観客を楽しませてくれます。

バレエを習いましょう

トップダンサーになる人は、みんな小さいときにバレエを習いはじめます。わずか5歳のときから、という人もいます。でもトップダンサーにならなくてもいい。すてきな趣味でもいいのです。バレエを習うと、からだがじょうぶになって、音楽にあわせて自分を表現することができるようになります。でもなによりも、楽しいんですよ!

2009年の英国ロイヤル・バレエ『くるみ割り人形』より。クララ役のエリザベス・ハロッドとハンス・ペーター役のルドヴィク・オンディヴィエラ。

バレエを見にいきましょう

舞台を見るのは、とてもすてきな経験です。ダンサーのテクニックや生の音楽、目をみはるようなセットや華やかな衣装——なんて豪華でしょう！　バレエの公演にはいろいろな種類がありますが、一幕物のバレエが3本まとめて見られるトリプルビルがおすすめ。1回の公演でさまざまなダンスが楽しめます。

❊ ストーリー・バレエ

たいてい3幕で、一つの物語になっているのがストーリー・バレエです。有名な作品は19世紀につくられたものが多く、マリウス・プティパの振付による『眠れる森の美女』もその一つです。

カラボスを演じるクリスティン・マクナリー。2011年公演のストーリー・バレエ『眠れる森の美女』より。

❊ テーマ・バレエ

ストーリーではなくテーマやイメージを表現するのがテーマ・バレエです。たとえばジョージ・バランシンの『ジュエルズ』は三幕物で、それぞれエメラルド、ルビー、ダイヤモンドをイメージしたダンスが見られます。

「エメラルド」を踊るサマンサ・レイン。ジョージ・バランシンのテーマ・バレエ『ジュエルズ』より。

ヤスミン・ナジとジェームズ・ヘイ。クリストファー・ウィールダンのアブストラクト・バレエ『ポリフォニア』より。

❊ アブストラクト・バレエ

アブストラクト・バレエは、物語もこれといったテーマもない抽象的なバレエで、ダンサーのテクニックや、からだの線の美しさ、力強い動きを見せます。『ポリフォニア』はクリストファー・ウィールダンの作品です。

『シンデレラ』

CINDERELLA

フレデリック・アシュトン振付のバレエ『シンデレラ』では、第2幕にすてきな場面があります。シンデレラが、すそを長くひく華やかなマントを着て舞踏会にあらわれるところです。シンデレラはポワントで階段をおりて、それからステージの前の方に細かくステップをふみながら進みます。写真は英国ロイヤル・バレエの2010年の『シンデレラ』。シンデレラはマリアネラ・ヌニェス、王子さまはティアゴ・ソアレスです。

第 1 章

バレエの歴史

HISTORY OF BALLET

15世紀の宮廷のダンスから、
現代の芸術としてのダンスへ。
バレエのうつりかわりをみていきましょう。

右ページ：中央がマリー・タリオーニ（1804〜1884）。
名まえを知られるようになった最初のバレリーナです。

バレエの誕生
バレエはこうして生まれました

ルイ14世は、『夜のバレエ』でギリシャ神話の太陽神アポロを踊ったことで知られています。このため、太陽王とよばれるようになりました。

バレエは、15世紀から16世紀のころにイタリアとフランスの宮廷で踊られるようになったのがはじまりです。きらびやかな宮廷では、廷臣（王さま一家につかえる貴族たち）はきれいな服を着て、優雅なふるまいをしなければなりませんでした。そして宮廷のパーティでは音楽や踊りがなくてはならなかったので、優雅に踊ることも習ったのです。

太陽王

1643年、ダンスが大好きなルイ14世がフランスの王さまになって、バレエは芸術になります。ルイ14世は王立舞踊アカデミーをつくり、宮廷で踊るプロのダンサーは、そこできちんとステップを習いました。1669年、ルイ14世はパリにオペラ座を開き、プロのダンサーがオペラの一部としてバレエを踊るようになりました。このとき劇場で踊ることができたのは男性だけでしたが、1681年には女性もプロとして踊ることができるようになりました。

バレエのはじまり

華やかな宮廷のパーティでは、出し物の背景や舞台装置がこっていました。廷臣たちはヒールの高い靴をはいて、飾りをたくさんつけた衣装を着て踊りました。それを見る人たちは天井桟敷という高いところにいるので、ダンサーは、上から見てもわかるようなステップやフォーメーション（隊型）を習いました。これが最初のバレエで、バレ・ド・クール（宮廷バレエ）といいます。

1581年にフランス宮廷で演じられた『王妃のバレエ・コミーク』。バレエのはじまりといわれています。ギリシャ神話の女神キルケをモデルにしたお話。

マリー・カマルゴ

やがてバレエはオペラとはべつに演じられるようになりますが、それでもまだ衣装はかさばって重く、靴もヒールの高いものをはいていました。バレ・ド・クールのままだったのです。18世紀の中ごろ、マリー・カマルゴがおどろくことをしました。はじめてスカート丈を短くして、観客にふくらはぎとくるぶしが見えるようにしたのです。さらにヒールのないバレエシューズをはいて、むずかしい踊りができるようにしました。

18世紀の名バレリーナ、マリー・カマルゴ。

『ジゼル』の第2幕「白の幕」を踊る英国ロイヤル・バレエのダンサーたち。婚約者にすてられ死んだ女性たちの霊が踊ります。

ロマンティック・バレエ

19世紀のはじめごろから半ばにかけて、ロマン主義という芸術運動がおこり、文学や絵画、音楽に大きな影響をあたえました。美しい自然を見たり、感情がたかぶったりしたときの気もちをかくさず、すなおにあらわそうとする運動です。

ロマン主義はバレエにも影響をあたえ、ロマンティック・バレエを生みました。ロマンティック・バレエでは、「現実」の世界と「幻想」の世界の二つの場面がでてきます。このころの作品で残っているものは少ないのですが、そのなかで今でも人気なのは、『ラ・シルフィード』と『ジゼル』です。こうしたロマンティック・バレエの第2幕は「白の幕」といって、女性ダンサーはみんな白い衣装を着て、精霊のいる幻想の世界をあらわします。

チュチュとトゥシューズ

ロマンティック・バレエになって大きく変わったことは、バレリーナがバレエの中心になったことです。それまでは、男性がおもにだいじな役を踊っていました。女性ダンサーの衣装も、今でいうロマンティック・チュチュにかわります。これは布を何まいも重ねた長めのスカートで、ひざから下や足首を見せます。

このころいちばん有名だったダンサーはマリー・タリオーニで、つま先立ちで踊ることをひろめました。つま先立ちだと足の線が長くなって、まるで浮いているように見えます。

マリー・タリオーニ。ロマンティック・チュチュを着て、トゥシューズをはいています。

クラシック・バレエ

悪い魔女カラボス（ジェネシア・ロサート）が眠るオーロラ姫（マリアネラ・ヌニェス）とフロリムンド王子（ティアゴ・ソアレス）を見ています。2011年の英国ロイヤル・バレエ『眠れる森の美女』、目覚めの場面より。

ピョートル・イリイチ・チャイコフスキー（1840〜1893）。有名なバレエ音楽を作曲しました。

19世紀後半、バレエはイギリス、フランス、イタリア、ロシアでさかんになります。そしてこのころ、からだや腕、足のポジションに決まりごとができました。これがクラシックスタイルになります。

ロシアのクラシック・バレエ

この時代、バレエはとくにロシアで大人気になり、『くるみ割り人形』『白鳥の湖』『眠れる森の美女』といった有名なクラシック・バレエが生まれました。こうした作品は今でもトップバレエ・カンパニーのレパートリーにあって、公演にはおおぜいの観客がおしよせます。長く愛される理由の一つは、偉大な作曲家ピョートル・イリイチ・チャイコフスキーの曲がつかわれていることです。チャイコフスキーの曲は美しく、バレエそのものに影響をあたえました。

バレエをつくるもの

チャイコフスキーの音楽にあわせて、マリウス・プティパとレフ・イワノフはいろいろなステップを考えました。物語とくみあわせてダンサーのテクニックを見せようとしたのです。このように、ダンスのステップをつかって、ひとつの作品をつくり上げる人を振付家といいます。踊りは、マイムとよばれるジェスチャーで表わす物語とあわせて、ダンサーのわざを見せる道具でした。大人数のダンサーたちによるコール・ド・バレエは、作品に彩りをあたえます。

クラシック・バレエのテクニック

クラシック・バレエといえば、バレリーナのトゥシューズでのつま先立ちが有名ですが、男性女性どちらのダンサーも、足を腰（骨盤）から外側に開いてつま先を外にむけて立つターンアウトの形と、つま先をまっすぐ伸ばす姿勢が基本です。こうすると足が伸びて長く見えるのです。また上半身もしなやかで、足を高くあげたり、回転やジャンプをしたり、きれいな姿勢でぴたっと止まることもできます。こうして多彩なわざを組みあわせたソロやパ・ド・ドゥ（二人用の決まった形）を踊ります。

足首からつま先までまっすぐ。伸ばした足が長く優雅に見えます。

腕から指先まで、優雅にあげます。写真では手は頭の上。

目線は観客へ。

足を腰から外側に開くターンアウトの形。

「ダイヤモンド」を踊るアリーナ・コジョカルとルパート・ペネファーザー。ジョージ・バランシンの『ジュエルズ』より。

ポワントで立ちます。

『眠れる森の美女』のパ・ド・ドゥ。オーロラ姫（サラ・ラム）を王子（スティーヴン・マックレー）がささえて、フィッシュ・ダイヴのポーズをとります。ぴたっと止めるのがむずかしく、タイミングとパートナーを信頼しているかどうかにかかっています。

腕をあげて背筋を伸ばします。

クラシック・チュチュ

ダンサーの足の運びが複雑になってきたため、クラシック・チュチュが登場しました。ロマンティック・チュチュよりもずっと短くかたい素材でできているので、ダンサーの足の動きが腰からつま先まで見えて、ダンサーにとってもずっと踊りやすくなりました。こうしてバレリーナは男性パートナーよりめだつようになり、バレリーナが観客によく見えるようにすることが、男性パートナーの役目になりました。

『白鳥の湖』のサラ・ラム。クラシック・チュチュを着ています。

13

『ラ・バヤデール』
LA BAYADÈRE

マリウス・プティパの振付、レオン・ミンクスの音楽によるクラシック・バレエ。1877年、ロシアのサンクトペテルブルグではじめて上演された、プティパの最高傑作です。舞台はインド。寺院の舞姫ニキヤと戦士ソロルの悲しい恋物語です。「影の王国」の場面は、コール・ド・バレエによる有名なシーンの一つです。左はいじわるなガムザッティを演じるラウラ・モレラ。中央にニキヤとソロルを演じるロベルタ・マルケスとスティーヴン・マックレー。右はニキヤを演じるロベルタ・マルケスです。

現代のバレエ

20 世紀にはいると、クラシック・バレエにあきて、新しいものを見たいと思う人たちがあらわれました。ネオ・クラシック・バレエのはじまりです!

バレエ・リュス

新しい時代をひらく力になったのは、ロシア人のプロデューサーであり演出家でもあるセルゲイ・ディアギレフでした。ディアギレフはバレエ・リュスというカンパニーをつくってヨーロッパやアメリカを回り、それまでのクラシック・バレエよりもずっと表現豊かでドラマチックな、おもしろいバレエを見せました。

このバレエでは、動き、音楽、舞台美術、振付が今までのものとちがっています。ディアギレフはイーゴリ・ストラヴィンスキーのような作曲家や、パブロ・ピカソのような芸術家をむかえ、そうした芸術家たちの考え方を組みこんで、今までにないバレエをつくりました。バレエ・リュスは、それまでのバレエを大きくかえたという意味では、20世紀でいちばん影響力のあったバレエ・カンパニーといえるでしょう。

20世紀後半

やがてつぎつぎと登場するダンサーや振付家が、新しい考え方をバレエに取りいれていきます。古い考え方にとらわれず、ジャズ・ダンスやコンテンポラリー・ダンスといったほかのスタイルのダンスもヒントにしたのです。バレエ・リュスのダンサーだったジョージ・バランシンはディアギレフと同じくロシア人ですが、20世紀を代表する振付家になり、のちにアメリカにわたってニューヨーク・シティ・バレエをたちあげました。そして物語のないダンスだけで表現するアブストラクト・バレエをひろめました。

ロイヤル・オペラ・ハウスでのバレエ・リュス公演のポスター（1912年）。のちに英国ロイヤル・バレエをたちあげることになるニネット・ド・ヴァロワが3年間バレエ・リュスで活躍し、ロシアのバレエをイギリスに紹介しました。

ジョージ・バランシン振付『ジュエルズ』の「ルビー」を踊る崔由姫。

ケネス・マクミラン振付の『春の祭典』で「選ばれし者」を踊るエドワード・ワトソン（右から3人目）。音楽はイーゴリ・ストラヴィンスキーがバレエ・リュスのために作曲したもの。ストラヴィンスキーはのちに20世紀を代表する作曲家になります。

RUSSIAN BALLE

ROYAL OPERA
COVENT GARDE
· SEASON 1912 ·

SIXPENCE NET

LONDON · JOHN LONG L

最新のバレエ

19世紀にはじまったロマンティック・バレエ、クラシック・バレエは、今でも大人気です。新しい版が上演されることもありますが、その魅力はきえません。バレエ・カンパニーでは、そのような昔からのバレエのほかにも、いろいろな時代の作品を上演したり、新作をつぎつぎにつくりだしたりしています。新作はなんでも題材にできるので、振付や音楽から、衣装や大道具まで、すべてゼロからのスタート。大仕事です。

『レイヴン・ガール』のサラ・ラムとエリック・アンダーウッド。ウェイン・マクレガーが英国ロイヤル・バレエのために振付けた作品で、オードリー・ニッフェネガーが書いた現代のおとぎ話、鳥の心をもつ少女の話です。

マーゴ・フォンティーン
MARGOT FONTEYN

イギリス人（1919～1991）
1934年、マーゴ・フォンティーンはヴィック・ウェルズ・バレエにはいり、クラシック・バレエをレパートリーとしながら、フレデリック・アシュトンの新しい作品でも踊りました。『オンディーヌ』もその一つです。また1965年には、ケネス・マクミランの『ロミオとジュリエット』の初演で、ルドルフ・ヌレエフと一緒に踊りました。二人のパートナーシップは有名で、1962年の『ジゼル』にはじまって、1980年ごろまでつづきました。

ルドルフ・ヌレエフ
RUDOLF NUREYEF

ロシア人、のちにオーストリアの市民権をとる（1938～1993）
ルドルフ・ヌレエフがはじめて踊ったのは、ソ連時代のレニングラード（現サンクトペテルブルグ）のキーロフ・バレエ（現マリインスキー・バレエ）でした。そのころのソ連では、個人が自由に外国に出かけたり何かをしたりすることが許されませんでした。ヌレエフはトップダンサーでしたが、そのやり方にはもう合わせられないと思い、1961年、パリのツアー中にキーロフ・バレエをはなれてフランスに亡命します。すると、すでに世界的に有名だったヌレエフを、ニネット・ド・ヴァロワが1962年、英国ロイヤル・バレエにむかえてくれました。ヌレエフは1970年までロイヤル・バレエにいましたが、その後はフリーになって世界中の舞台に立ち、ロイヤル・バレエでもゲスト・アーティストとして活躍しました。

『マルグリットとアルマン』のフォンティーンとヌレエフ。

ケネス・マクミラン制作の『ロミオとジュリエット』でリハーサルするフォンティーンとヌレエフ。初演は1965年。

英国ロイヤル・バレエ

英国ロイヤル・バレエは、ロンドンのコヴェント・ガーデンにあるロイヤル・オペラ・ハウスを専用劇場にしています。オペラ・ハウスも英国ロイヤル・バレエも歴史は長く、1732年にはすでにおなじ場所に劇場がありました。

コヴェント・ガーデンのロイヤル・オペラ・ハウス。建物正面の造り、玄関ホール、客席は1858年からずっとおなじです。

英国ロイヤル・バレエのはじまり

ロンドンでは、17世紀からバレエが上演されてきましたが、英国ロイヤル・バレエは20世紀に誕生しました。イギリス人ダンサー、ニネット・ド・ヴァロワがすべてのはじまりです。ド・ヴァロワは1920年代にバレエ・リュスで踊っていましたが、とても優秀なダンサーで、イギリス人ダンサーのための学校をどうしてもつくりたい、そして英国式の教育をしたい、と思いました。そこで1931年には、ロンドンのサドラーズ・ウェルズ・シアターにヴィック・ウェルズ・バレエというカンパニーと学校をつくり、バレエ・リュスからダンサーを連れてきました。そのなかには有名なイギリス人バレリーナのアリシア・マルコワもいました。

1939年、そのカンパニーはサドラーズ・ウェルズ・バレエという名で有名になり、第二次世界大戦がおわって1946年、ロンドンのコヴェント・ガーデンで再開されたロイヤル・オペラ・ハウスに活動の場をうつします。うつって最初の上演作品は『眠れる森の美女』でした。バレエ・カンパニーの一部はサドラーズ・ウェルズ・シアターにのこりました。1956年、王室から許可がおりて、バレエ・カンパニーと学校はそれぞれ、英国ロイヤル・バレエとロイヤル・バレエ・スクールとよばれるようになりました。そして1990年に、英国ロイヤル・バレエのツアー・カンパニーとして海外ツアーを積極的におこなっていたサドラーズ・ウェルズ・ロイヤル・バレエは、バーミンガムにうつり、バーミンガム・ロイヤル・バレエと名まえをかえました。英国ロイヤル・バレエ、ロイヤル・バレエ・スクール、バーミンガム・ロイヤル・バレエは、どれも世界のトップクラスですが、これはイギリスのバレエをひっぱってくれたニネット・ド・ヴァロワへのごほうびでしょう。

ロイヤル・オペラ・ハウスの楽屋のようす。サドラーズ・ウェルズ・バレエが1948年に制作した『シンデレラ』を英国ロイヤル・バレエが1960年に再演したときのコール・ド・バレエのダンサーたち。星の精の衣装を着ています。

ロイヤル・オペラ・ハウス

コヴェント・ガーデンには劇場が3回たちました。今わたしたちが目にする劇場は1858年にたてられたもので、その前の2つは火事で焼けおちてしまいました。第二次世界大戦のときには、劇場はダンスホールとしてつかわれていましたが、1946年、ここをオペラとバレエの専用劇場にすることが決まりました。こうして今のロイヤル・オペラ・ハウスになったのです。

1997年、建てかえのために、ロイヤル・オペラ・ハウスは2年半の休業にはいりました。そして新しいパブリック・スペースをつくり、リハーサル室や工房、事務所も新しくしたのですが、敷地面積は10,000平方メートルもの広さ！ 働いているスタッフは900人以上、1年の公演は400回以上、1回の公演で2,200人以上の席が用意されます。

代表的な作品

「このカンパニーではこの作品が有名」とか「この作品といったらこのカンパニー」というように、バレエ・カンパニーには代表的な作品があります。ロイヤル・バレエの十八番は『眠れる森の美女』。大がかりで、豪華で、キャストのなんて多いこと！

『眠れる森の美女』は、英国ロイヤル・バレエがサドラーズ・ウェルズ・バレエといわれていたときから、ずっとレパートリーにはいっています。このポスターは、1946年にロイヤル・オペラ・ハウスにうつってきたときのもの。

英国ロイヤル・バレエのダンサーたち。2011年の『眠れる森の美女』より。

アントワネット・シブレー
ANTOINETTE SIBLEY

イギリス人（1939〜）
1956年にロイヤル・バレエ・スクールから英国ロイヤル・バレエにはいりますが、学生だったその年の初め、すでに役をもらって踊っています。1959年にソリスト、60年にプリンシパル・ダンサーに。アンソニー・ダウエルとのパートナーシップは有名で、フレデリック・アシュトンがシブレーのために振り付けた『真夏の夜の夢』のタイターニア、ケネス・マクミランの『マノン』のタイトルロールを踊っています。

アンソニー・ダウエル
ANTHONY DOWELL

イギリス人（1943〜）
20世紀の男性ダンサーの中でもトップクラスです。フレデリック・アシュトンは、アントワネット・シブレーの相手役として、ダウエルに『真夏の夜の夢』のオーベロン役をあてました。ここから二人のパートナーシップがはじまります。二人はテクニックにも、音感、リズム感にもすぐれていました。ダウエルは1986年から2001年まで、英国ロイヤル・バレエの芸術監督をつとめました。

タイターニアとオーベロンを踊るアントワネット・シブレーとアンソニー・ダウエル。フレデリック・アシュトンの『真夏の夜の夢』（1964年）より。

第2章

バレエの舞台ができるまで

CREATING A BALLET

バレエの舞台をつくっているのは、
踊りや音楽だけではありません。舞台装置、衣
装など、舞台をつくるものをみていきましょう。

右ページ：タマラ・ロホとデヴィッド・マッカテリ。
2013年の『レ・シルフィード』より。
20世紀はじめのロマンティックスタイルのバレエです。

振付

舞台を見にいくと、わくわくドキドキしますね。でも考えたこと、ありますか？ このストーリーやテーマをえらんだのはだれでしょう。だれがダンスのステップを考えて、だれが舞台装置や衣装をつくったのでしょう。バレエも社交ダンスも、どんなふうに踊るのかを考える人がいるのです。ダンスの一から十までのすべてを考える人を、振付家といいます。

『オンディーヌ』（1958年）でマーゴ・フォンティーンとマイケル・サムズに振付をするフレデリック・アシュトン。

ノーテーション（舞踊譜）

振付家のおもな仕事は、ダンスのステップを考えることです。どんなステップがいいか思いつくと、それを譜面に記録していきます。音楽の楽譜のようなもので、頭や腕、手、足やつま先のポジションを書くのですが、これを書く人をノーテーターといいます。振付家がダンサーにステップを振り付けると、ノーテーターがその場で記録していきます。

ノーテーションは紙に残るので、ステップを覚えるとき便利です。さらに全体の振付もそのまま残るので、昔のバレエを再演するときでも、どのダンサーがどんなステップで踊ったかがすぐわかります。

ベネッシュ・ムーブメント・ノーテーションでは、からだの位置を五線譜にのせて、手や足のポジションや動きをあらわします。

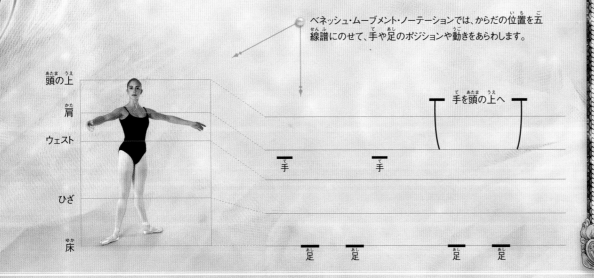

頭の上
肩
ウェスト
ひざ
床

手を頭の上へ

手　手

足　足　　足　足

❋ **マリウス・プティパ**（1818〜1910）
フランス人。ロシア帝室バレエでクラシック・バレエの名作を振り付けました。『眠れる森の美女』『白鳥の湖』が有名。

❋ **フレデリック・アシュトン**（1904〜1988）
英国ロイヤル・バレエの初代振付家。『シンデレラ』『ラ・フィユ・マル・ガルデ（リーズの結婚）』など、英国スタイルとよばれる振付で有名。

❋ **ジョージ・バランシン**（1904〜1983）
ニューヨーク・シティ・バレエをつくったロシア人ダンサーで、アブストラクト・バレエの制作で有名。おもな作品は『ジュエルズ』『オルフェウス』『アポロ』『シンフォニー・イン・C』など。

❋ **ジェローム・ロビンズ**（1918〜1998）
アメリカの名演出家。バランシンといっしょにニューヨーク・シティ・バレエの振付もしました。映画やテレビドラマ、舞台などの振付でも活躍しましたが、なかでも『ウェスト・サイド・ストーリー』が有名。

ケネス・マクミランの『ロミオとジュリエット』。プロコフィエフの音楽にのせた作品です。この場面は、ジュリエットのいとこのティボルト（ベネット・ガートサイド）がロミオの友だちマキューシオを殺したところ。

※ ジョン・クランコ（1927〜1973）

南アフリカ生まれの振付家。サドラーズ・ウェルズ・バレエ（現バーミンガム・ロイヤル・バレエ）、シュツットガルト・バレエで活躍。シュツットガルト・バレエでは芸術監督もしました。『オネーギン』や『パゴダの王子』『じゃじゃ馬ならし』などをつくっています。

※ ケネス・マクミラン（1929〜1992）

英国ロイヤル・バレエの元芸術監督で、人間の内面をあらわす演劇的バレエを多くつくっています。なかでも『ロミオとジュリエット』『マノン』『マイヤリング（うたかたの恋）』は有名。

※ ウェイン・マクレガー（1970〜）

2006年に英国ロイヤル・バレエの常任振付家になりました。コンテンポラリー・ダンスの振付家でははじめてのことです。アブストラクト・バレエで有名。

※ クリストファー・ウィールダン（1973〜）

英国ロイヤル・バレエの芸術参与。その前にニューヨーク・シティ・バレエのはじめての常任振付家もしていました。アブストラクト・バレエもストーリー・バレエも、どちらもすばらしい、と言われています。最近の作品に『冬物語』があります。

振付をしているクリストファー・ウィールダン。

クリスティン・マクナリー
Kristen McNally

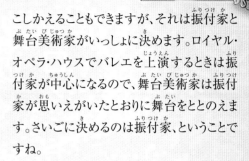

振付家の何がすてきかって、それは決まりごとがないこと——自分でいいと思ったことをすればいいのです。家族やお友だち、風景、絵、建物、映画、音楽、人生、知っていることならなんでもヒントになります。だから作品のつくり方はそのたびにちがう。わたしはといえば、音楽がヒントになることがよくあって、音楽を聞くとアイディアがうかんで、そこから振付をかんがえます。

新しい振付をかんがえるとき、よく聞く曲のなかに、すぐにイメージのわく曲があればいいのですが、ぴったりなのはなかなかありません。長すぎるかもしれないし、短いかもしれない。どこか一部分をくりかえしてつかいたいこともあります。そうすると曲の構成をかえなければならなくなりますが、これは許可をとるのがむずかしい。でも、その作品のためにとくべつにつくられた曲があるときはうれしいですね。作曲家といっしょに、つくりたい作品をつくるんですから。

ロイヤル・オペラ・ハウスで新しいバレエをつくるときには、舞台美術や衣装、バレエのスタイル、セットなどがさきにできて、そのあと振付家がダンサーとスタジオで稽古をはじめます。振付をしながら衣装や美術などをす

ロイヤル・オペラ・ハウスで子どもたちといっしょにレッスンするクリスティン・マクナリー。

こしかえることもできますが、それは振付家と舞台美術家がいっしょに決めます。ロイヤル・オペラ・ハウスでバレエを上演するときは振付家が中心になるので、舞台美術家は振付家が思いえがいたとおりに舞台をととのえます。さいごに決めるのは振付家、ということですね。

ところで、ダンサーもよく新しい振付のヒントになってくれます。スタジオで振付がはじまれば、そこからダンサーと振付家のパートナーシップもはじまります。

わたしはダンサーでもあるので、振付もダンスも、どちらも好きです。振付でいちばんうれしいのは、作品をつくっている、と感じるとき。思いきったアイディアをためして、観客のみなさんが夢中になれるような世界をつくるときです。

英国ロイヤル・バレエ 振付家・ソリスト
クリスティン・マクナリー

『ロミオとジュリエット』

ROMEO AND JULIET

2012年の英国ロイヤル・バレエの『ロミオとジュリエット』から、ローレン・カスバートソンのジュリエットとフェデリコ・ボネッリのロミオ。振付はケネス・マクミラン。第1幕のバルコニーのシーンで、楽しそうに踊りながら、恋する気もちをあらわしています。

バレエ音楽

バレエを見にいくと、踊りのほかにもうひとつ、お楽しみがあります。それはオーケストラの生演奏。バレエ音楽というと、『白鳥の湖』や『くるみ割り人形』といったクラシックの名曲を思い出すでしょう。でもバレエは、クラシックだけでなくどんなジャンルの音楽でも踊れるのです。

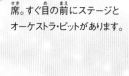

ロイヤル・オペラ・ハウスの客席。すぐ目の前にステージとオーケストラ・ピットがあります。

オーケストラ

バレエ用のオーケストラは、100人くらいの構成になるのがふつうです。演奏する楽器の種類によって、4つのセクションにわかれます。

※ 弦楽器：バイオリン、ビオラ、チェロ、コントラバス、ピアノ、ハープ
※ 木管楽器：フルート、オーボエ、クラリネット、バスーン
※ 金管楽器：フレンチホルン、トランペット、トロンボーン、チューバ
※ 打楽器：ドラム、トライアングル、シンバル、シロフォン

一般的なオーケストラの席順。演奏でつかわれる楽器や指揮者の好み、オーケストラ・ピットの広さによって、かわることがあります。

オーケストラ・ピット

オーケストラがいるところはステージのすぐ前のオーケストラ・ピット。客席よりも低くなっています。上演中、観客にはオーケストラが見えますが、ステージ上のダンサーには見えません。ふつう、弦楽器が観客に近い正面、木管楽器と金管楽器はまん中、打楽器は奥にならびます。

オーケストラ・ピットの床は上げ下げできるので、重い楽器をその下の収納スペースから持ちあげることができます。客席をとおらないで運べるので、便利ですね。

指揮者

指揮者はオーケストラをまとめるのが仕事で、指揮棒をふって、どんなテンポで、どんな感じで演奏したらいいかを指図します。演奏者は指揮者を見ながら演奏します。そうすれば、どこで音をだすか、どこで音を大きくするか、どこでテンポをあげるかなどがわかります。

演奏者がダンサーとタイミングを合わせるには、指揮者がたよりです。ふつう指揮者は、ダンサーのリハーサルに立ちあいます。ダンサーがその曲をどんなふうに感じて、どのくらいのテンポで踊るのかを知っておくためです。

フレンチホルンとバイオリン

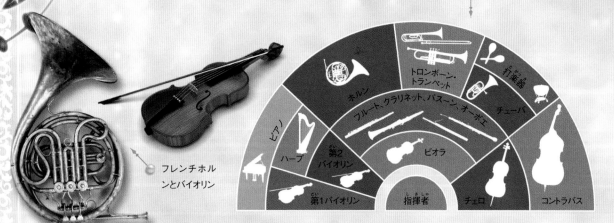

ピアノ / ハープ / 第2バイオリン / ホルン / トロンボーン・トランペット / 打楽器 / チューバ / フルート、クラリネット、バスーン、オーボエ / ビオラ / 第1バイオリン / 指揮者 / チェロ / コントラバス

狼（セルゲイ・ポルーニン）を
うたないで、とピーターは狩
人にたのみ、狼を動物園へ
つれていきます。

小鳥（ラウリーネ・ムッ
チョーリ）が狼の気を
ひくあいだに、ピータ
ーが狼をつかまえます。

『ピーターと狼』

1936年、ロシアの作曲家セルゲイ・プロコフィエフが、民
話『ピーターと狼』をもとに子どもむけの音楽作品をつく
りました。オーケストラ曲ですが、ナレーションもついてい
ます。登場人物はそれぞれ楽器であらわされるので、
子どもたちにオーケストラを教えるときには、この作品を
よくつかいます。たとえば、ピーターは弦楽器、狼はフレ
ンチホルン、小鳥はフルートです。

『ピーターと狼』はバレエにもなっています。1995年、マ
シュー・ハートがロイヤル・バレエ・スクールのために振
付をして、当時英国ロイヤル・バレエの芸術監督だった
アンソニー・ダウエルがナレーションをしました。

『ピーターと狼』より。ピーター（キリ
アン・スミス）、おじいさん（ウィル・ケ
ンプ）、動物たち。

バリー・ワーズワース

Barry Wordsworth

バレエの舞台がうまくいくかいかないかは指揮者にかかっている
ので、上演中は、音楽と振付の両方をおなじように気をつけてみ
ています。指揮者はとくべつな勉強をした音楽家で、みんなで力
を合わせてバレエをつくり音楽を作品の中で生かしていくのが仕
事です。

ダンサーがオーケストラといっしょにリハーサルをする時間はあまり
ありません。だから指揮者がピアノだけのリハーサルを見て、ダン
サーの踊りを確認します。それはキャストがかわるたびにオーケス
トラは、それぞれのキャストに合わせた演奏をしなければならない
からです。オペラでは歌声を聞くことができるので、本番でもようす
はわかりますが、バレエではダンサーがどんな感じで踊っているの
かが見えないので、オーケストラは指揮者がたよりなのです。

英国ロイヤル・バレエ音楽監督（1990～95年、2006～15年）
**バリー・
ワーズワース**

豪華なセット

観客はダンサーのみごとな踊りを見たいもの。豪華な舞台がそれを引きたてます。舞台装置をいろいろ組みあわせたものをセットといいますが、そのセットを組みあげたステージの上にすべてそろいます。ダンサーも衣装も音楽も、そのなかでかがやくのです。

舞台美術

振付にとりかかるとき振付家は、どのような舞台美術がダンサーの才能を引きだすかをイメージします。舞台美術家もいっしょにかんがえますが、踊りが美術セットを決めることもあります。たとえば、ダンサーが窓からのぞく場面があるなら、音楽にのって踊るタイミングとぴったりあうところに、窓をおかなければなりませんね。

セットづくりはスケッチからはじまります。それから小さめの模型をつくって、それでよければ、本番用のセットをつくります。

2011年、英国ロイヤル・バレエは1995年以来ひさしぶりに全幕物をつくりました。振付はクリストファー・ウィールダン、美術はボブ・クロウリー、音楽はジョビー・タルボットの新作『不思議の国のアリス』。原作はルイス・キャロルの1865年の児童文学です。ハートの女王の庭のセットは、迷路のイメージでつくられました。

アリスは白ウサギを追いかけて、不思議の国に迷いこみました。美術セットが、そんなおかしな世界をあらわしています。写真は、トランプの衣装で踊るコール・ド・バレエ。トランプのハート、ダイヤ、クラブ、スペードの形をしたチュチュは、かたい発泡材でできています。

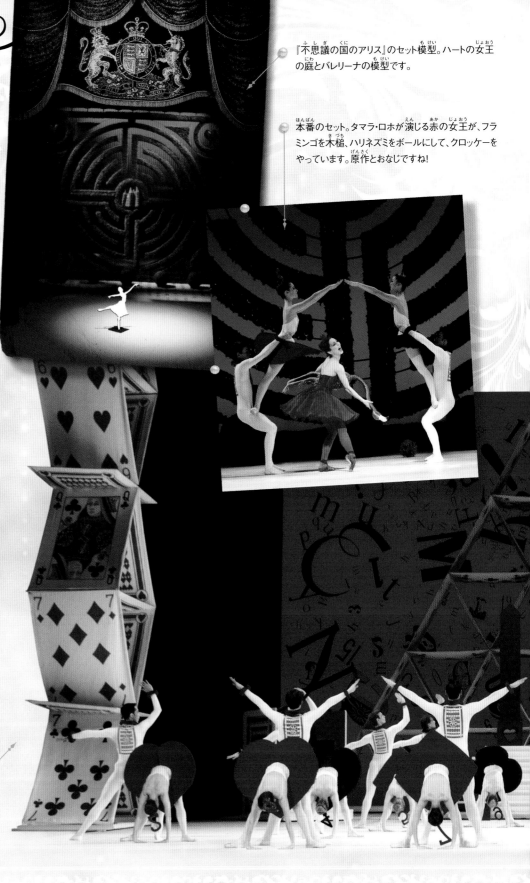

『不思議の国のアリス』のセット模型。ハートの女王の庭とバレリーナの模型です。

本番のセット。タマラ・ロホが演じる赤の女王が、フラミンゴを木槌、ハリネズミをボールにして、クロッケーをやっています。原作とおなじですね!

小道具

もうひとつ、バレエの舞台でだいじなものがあります。ストーリーを見せる小道具です。魔法のつえやゴブレットもあるし、テーブルや剣もある。大きな劇場で公演をする大きなバレエ・カンパニーになれば、つかう小道具の数はかなりたくさんになります。英国ロイヤル・バレエには武器を用意する係まであって、戦いの場面でいつでもつかえるように、いろいろな剣や武器をそろえています。

ケネス・マクミランの英国ロイヤル・バレエ『パゴダの王子』より、王子役のネマイア・キッシュとロイヤル・バレエのダンサーたち。ダンサーたちの練習のおかげで、ほんとうにたたかっているように見えます。

スポットライトをあびて

ずっと昔、劇場の照明にはクイックライムというまぶしく光る化学薬品がつかわれていました。そこから「注目をあびる」という意味で英語では「ライムライト」という言葉ができました。「スポットライト」ともいいます。屋内の劇場ではじめてクイックライムを照明につかったのは1837年のこと、コヴェント・ガーデン・シアターでした。

今では照明は、舞台にはなくてはならないものになっています。客席が暗いので、照明で観客の注意をひくのです。照明の仕事をする人を照明係または照明技術者といいます。照明には、使いみちによっていろいろな種類があります。

※ **スポットライト**：光のすじがほそい明かり。ステージ上のどこか1か所、またはダンサーを一人照らしだすのにつかいます。

※ **フォロースポット**：ステージの上をうごきまわることができる明かり。一人一人のダンサーを追いかけて照らします。

※ **フラッドライト**：ステージの上を広く照らす明かり。金属の箱にはいった明かりがたくさん天井からつるされています。

※ **フットライト**：ステージの前のへりにそって、横にならんでいる明かり。

ステージの上の方にフラッドライトが、足場にはスポットライトがつるされています。写真奥には客席が見えます。

舞台装置をうごかすのは大仕事ですが、幕が上がるときにはすべておわっていなければなりません。

舞台転換

演出から舞台美術、小道具、照明までまったくちがういくつかの作品を、つづけて上演することがあります。一日に2つの演目、ということもあります。セットをかえたり、次の演目にそなえてセットをつくったりするためには、おおぜいのスタッフがいります。ロイヤル・オペラ・ハウスの場合、スタッフは25人ずつ3つのグループにわかれて、一日24時間を交代ではたらいています。重い舞台装置を動かすバックステージのリフトもあるのですが、ロイヤル・オペラ・ハウスのものは、ヨーロッパでいちばん大きいそうです。

豪華な衣装

バレエの衣装は、その作品のスタイルやストーリー、テーマに合わせてデザインします。もちろんダンサーが気もちよく踊れるデザインであることも大切。豪華な衣装でも、シンプルなレオタードでもおなじです。

デザイン

衣装をつくるには、まずデザインを絵にかきます。どんな感じの衣装がいいか振付家がかんがえ、デザイナーがスケッチして素材もかんがえます。つぎにデザイナーと衣装部はどのくらいお金がかかるか計算します。予算をこえないようにデザインをかえることもあります。こうしてデザインが決まれば、生地などの素材を注文。衣装をつくって、ダンサーに試着してもらいます。

英国ロイヤル・バレエの『エリート・シンコペーションズ』（振付ケネス・マクミラン、音楽スコット・ジョプリン他）でイアン・スパーリングがデザインした衣装。デザイン画から、マーラ・ガレアッツィが着るこんな衣装になりました。

衣装のなかには、とても手のこんだものがあります。とくに個性のつよい役柄の衣装はすごい。これは『火の鳥』の魔王カスチェイを踊るギャリー・エイヴィス。こわい魔法つかいらしさがよくわかります。

英国ロイヤル・バレエの2009年の『くるみ割り人形』で「ねずみの王さま」を演じるデヴィッド・ピカリング。タイツ、バレエブーツ、ジャケットは、男性ダンサーがよく着る衣装です。そこへよくできたマスクとしっぽをつけて、王さまが完成。

いそがしい、いそがしい‼

大きなバレエ・カンパニーの衣装部は、いつも大いそがしです。おなじ時期にいくつかの作品がかさなることもよくあって、舞台がはじまる前に、ぜんぶの衣装を用意しておかなければなりません。上演しているときでも、衣装がやぶれたりよごれたりすれば、なおします。ステージのわきにいて、その場でなおすことも！

ロイヤル・オペラ・ハウスの衣装部は、バレエとオペラ両方の衣装をつくるので、あつかう衣装の数は何千にもなります。『くるみ割り人形』の雪の精のスカートを36着つくりなおしたことがありましたが、そのときには一日に1着しかできませんでした。『オネーギン』の衣装ぜんぶと『白鳥の湖』の白鳥たちの衣装40着も、おなじときになおさなければならなかったからです。それから試着。一人の試着に2時間かかることもあります。

衣装は手のこんだものが多く、この髪かざりは、宝石を一つ一つ手でつけてつくります。

ロイヤル・オペラ・ハウス衣装工房では、こんなふうに仕事をしています。

衣装ノート

バレエの作品ごとに、衣装のすべてが記録されている衣装ノートがあります。デザイナーのスケッチと、衣装になったときのデザイン、そしてつかった生地などの素材ものこしておきます。その作品をまた上演することになって、衣装をつくりなおさなければならなくなっても、このノートがあれば何をどうすればいいか、すぐにわかります。

衣装につかった布をデザイン画にはって、記録としてのこします。

フェイ・フラトン
Fay Fullerton

わたしはロンドン・カレッジ・オヴ・ファッションのファッションコースで3年勉強して、さらに1年、昔の衣装や服の仕立てについて勉強しました。それからロイヤル・オペラ・ハウスの衣装部門にはいって腕をみがき、2013年に衣装統括になりました。

衣装制作には染色、女性用衣装、男性用衣装、仕立て、帽子、宝石、倉庫管理、ウィッグとメイクアップ、監修、購買、靴、衣装のレンタルと保管、バレエとオペラ両方の舞台そででのサポートなどたくさんの担当があり私はその全体の責任者です。デザイナーと協力して、きびしい予算のなかでデザイナーのアイディアを形にしていきます。

わたしたちにとってたいへんだけれどもやりがいのある舞台のひとつに『眠れる森の美女』があります。衣装は450着以上。そういう大作の衣装づくりでは、ダンサーが着てうごきやすく、長い公演のあいだ、やぶれることなくずっとつかえる丈夫な布地、そんな特殊な布地をたくさんさがして用意することもだいじです。

衣装の仕事がスムーズに進んでいるかどうか知りたいので、わたしはドレスリハーサル（衣装を着ておこなうリハーサル）と初日の舞台を見ます。上演中は、いざというときにそなえて、衣装、ウィッグとメイクアップの係がついています。

衣装統括
フェイ・フラトン

英国ロイヤル・バレエの2011年の『眠れる森の美女』。豪華な衣装は、オリヴァー・メッセルが1946年にデザインしたもの。

『ジゼル』

GISELLE

ピーター・ライト制作の英国ロイヤル・バレエ『ジゼル』で、ジゼルを演じるマリアネラ・ヌニェス。第1幕、ジゼルと、アルブレヒト伯爵の婚約者バチルド(クリスティーナ・アレスティス)の場面より。

チュチュ

バレリーナは何を着るでしょう、ときけば、たいてい「チュチュ！」とかえってきます。チュチュは女性ダンサーがよく着る衣装で、それを着るのがバレエをはじめたこどもたちの夢です。ししゅうや宝石、スパンコールなど、細かくきらびやかな飾りがついて、ほかの衣装とおなじように、演じている役やテーマにあわせたデザインになっています。

クリストファー・ウィールダンの『エレクトリック・カウンターポイント』でクラシック・チュチュを着るサラ・ラム。デザインはジャン＝マルク・ピュイサン。シンプルでモダンですが、とてもきらびやかで目をひきます。

ボディス

スカート

ロイヤル・オペラ・ハウスの衣装部では毎年、スパンコールとビジューを何千個も縫いつけます。

チュチュには
どんなものがある?

チュチュはボディス（胴体部分）とレイヤードスカートが一体になった衣装で、フリルが特徴です。スカート部分はチュールを何枚もかさねてつくりますが、バレエのスタイルやデザイナーがどういうチュチュにしたいと思うかによって、いろいろな形になります。チュチュには大きくわけて、つぎの2種類があります。

※ クラシック・チュチュ

ダンサーの腰骨あたりからまっすぐつきだすように広がります。かたいチュールを多くて15枚かさね、ワイヤーで形をととのえます。

※ ロマンティック・チュチュ

19世紀はじめのロマン主義時代のバレリーナが着たスタイルです。スカートの長さは、ふくらはぎの真ん中か足首ぐらいまであります。長くてゆったりした形で、チュールを6枚かさねます。

練習やリハーサルでは、本番用のチュチュをよごしたりいためたりしないように、練習用チュチュをつけます。プロがつかう練習用チュチュは、役によって長かったりみじかったりしますが、スカート部分だけでボディスはありません。練習用チュチュも本番用とおなじ着心地でおなじようにゆれるので、ダンサーは本番用のチュチュを着ている気もちになれます。ドレスリハーサルでは本番用のチュチュを着ます。

1950年代のフレデリック・アシュトンの『誕生日の贈り物』。チュチュの長さがクラシック・チュチュとロマンティック・チュチュのあいだくらいです。

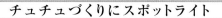

ジゼルを踊るナタリア・オシポワ。ロマンティック・チュチュを着ています。

クラシック・チュチュ →

美しく見せるために

チュチュは、ダンサー一人一人の体型にぴったりあわせてつくるので、ダンサーの動きがきれいに見えます。でもきつくならないように気をつけなければなりません。きついと苦しくなったり、自由に動けなくなったり、からだをまげることができなくなったりするからです。それに何時間もつづく公演のあいだずっと着ていなければなりませんから。クラシック・バレエではクラシック・チュチュをつかうことが多いのですが、それはダンサーの足を腰からつま先までぜんぶ見せて、観客に踊りのテクニックを楽しんでもらうためです。

衣装部門

The costume department

チュチュは芸術品といってもいいでしょう。つくるのにたいへんな手間がかかります。ロイヤル・オペラ・ハウスの衣装部は、チュチュだけでなく衣装という衣装のすべてをつくって用意しています。チュチュはきれいに見えるだけでなく、じょうぶで長もちするものでなければなりません。1シーズンに40回以上着ることもあるからです。

衣装部門は、デザイナーのスケッチをもとにチュチュをつくり、そのあとダンサー一人一人に試着してもらいます。1着のチュチュを何人かで着られるようになおすこともあります。衣装をつくる人は、きつかったりチクチクしたりしない、ダンサーが気もちよく着られるものをつくらなければなりません。それはたいへんな仕事です。『眠れる森の美女』のような大がかりな舞台では、あつかう衣装の種類は450をこえます。

ロイヤル・オペラ・ハウスの衣装部門。チュチュをつくっています。

バレエシューズ

は じめてバレエシューズをはく──どきどきの瞬間（しゅんかん）ですね。はじめは革（かわ）かサテンのバレエシューズをはきます。でもプロのダンサーがはくシューズは、演（えん）じる役（やく）によっていろいろです。

『真夏（まなつ）の夜（よ）の夢（ゆめ）』のボトム。ジョナサン・ハウエルズがコミカルにポワントで踊（おど）っています。

バレエシューズ

習（なら）いはじめのころは、女（おんな）の子（こ）はピンクのバレエシューズ、男（おとこ）の子（こ）は黒（くろ）のバレエシューズをはいて練習（れんしゅう）します。足（あし）の形（かたち）がよくわかるように、シューズの底（そこ）はたいらになっています。シューズには、ぬげないようにリボンやゴムがついていたり、シューズを足（あし）にぴったり沿（そ）わせる引（ひ）きひもがついていたりします。練習（れんしゅう）がおわったら、リボンやひもをシューズのなかにいれて、きれいにととのえて袋（ふくろ）やバッグにいれておきます。

練習（れんしゅう）のときにはバレエシューズとあわせてレッグウォーマーをはくこともあります。まるいつま先（さき）とたいらなソールが見（み）えますね。

なんどもはいて踊（おど）ったトゥシューズ。ぼろぼろです。

ポワントで踊（おど）るときの正（ただ）しいポジション。トゥシューズのボックス部分（ぶぶん）を床（ゆか）にぴったりつけます。

ポワントで踊る

女の子は上手に踊れるようになってくると、先生がポワントで踊るようにいってくれます。トゥシューズの出番です。トゥシューズをつかうとつま先で長く立っていられるようになって、優雅に、まるで浮かんでいるように見えます。足を長く見せるからです。トゥシューズは女性ダンサーがはくものですが、『真夏の夜の夢』のボトムのように、役によっては男性がはくこともあります。

足の形はみんなちがうので、シューズはダンサー一人一人にあわせて、いろいろな型でつくります。シューズのつま先部分をボックスといいます。箱型でかたく、先はたいら。ダンサーのつま先をささえます。ボックスは、目のあらい麻布やキャンバス生地をのりでかためたものを何枚もかさねてつくります。シューズのソールもかたくなっていますが、それは足うらのアーチをささえるため。さいごにシューズ全体をサテンでくるみます。

トゥシューズはとてもかたいので、床のようなかたいところでたたいて、やわらかくしてからはくダンサーもいます。やわらかくすると音も静かになります。やわらかくなりすぎると、こんどは松脂をつかってかたくします。トゥシューズはあまり長もちせず、2、3回の公演でだめになります。プロのダンサーは、かなりたくさんシューズをはきつぶすそうです。

キャラクター・シューズ、キャラクター・ブーツ

どんな役でもバレエシューズやトゥシューズをつかうわけではありません。個性のつよい役柄では、男性ダンサーが足首をおおうブーツ型のバレエシューズ（バレエブーツ）をはいたり、男性でも女性ダンサーでも、ヒールのあるキャラクター・シューズやキャラクター・ブーツをはいたりします。

フレデリック・アシュトンのバレエ『ラ・フィユ・マル・ガルデ』（1960年初演）より。有名なクロッグ（木靴）・ダンスがでてきます。先頭で踊っているのは、未亡人シモーヌを演じるフィリップ・モーズリー。

『シンデレラ』のいじわるなお姉さんたち。じつは女の衣装を着た男性ダンサー（写真はアラステア・マリオットとジョナサン・ハウエルズ）です。はいているのは、キャラクター・シューズ。

シューズ部門
The shoe department

英国ロイヤル・バレエのダンサーたちは、毎年6000足のバレエシューズと6000足のトゥシューズをはきつぶします。シューズ部門は、リハーサルから本番までダンサーがこまらないように、じゅうぶんにシューズを用意しておきます。シューズは名前を書いて棚へ。新しいシューズがほしいときは、ダンサーは棚から自分でもっていきます。

衣装にあわせてシューズを染めたり、シューズに飾りをつけたりすることもあります。『不思議の国のアリス』のいもむしは青いシューズをはきますが、左右それぞれ365個の水晶がぬいつけてあります。

いもむしを踊るのは8人。こんなシューズが8足もいります！

ダンサーのシューズをしまっておく棚。

ヘアメイクとメイクアップ

ダンサーがきれいに見えるかどうかは、ヘアメイクとメイクアップで決まります。顔は演じている役の気もちを見せるものなので、とおくはなれた観客からもよく見えなければなりません。

英国ロイヤル・バレエのソリスト、クレア・カルバート。目とくちびるをくっきり見せるフル・メイクをしています。

顔をかえる

ダンサーがメイクするのは、目とくちびると頬ほねをくっきり見せて、とおくの観客からもよく見えるようにするためです。舞台用にとくべつにつくった化粧品をつかうので、舞台がおわるまでメイクはおちません。水にもつよいので、汗をかいてもだいじょうぶ。個性のつよい役柄をあらわすためのしっかりしたメイクには、色をまぜるのがかんたんなドーランが、今でもつかわれています。ただパウダーでおさえることをわすれてはいけません。そうしないとこすって衣装をよごしてしまいます。

本番前にメイクアップするトリスタン・ダイアー。

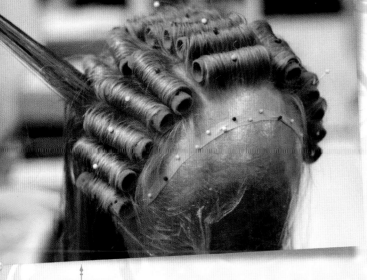

そろいのウィッグがあれば、ダンサーがみんなおなじヘアスタイルになれます。

かわいいヘアスタイル、ウィッグもすてき

バレリーナは昔から髪をあげ、顔に髪がかからないようにしています。かぶりものをつかう役も多いのですが、ウィッグがいることもあります。ダンサーがみんなおなじ色のおなじヘアスタイルでなければならないときがあるからです。ウィッグに飾りをつけたり、ティアラやかんむりをのせたりすることもあります。

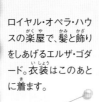

ロイヤル・オペラ・ハウスの楽屋で、髪と飾りをしあげるエルザ・ゴダード。衣装はこのあとに着ます。

『田園の出来事』(1976年)で踊るリーン・シーモア。

リーン・シーモア
LYNN SEYMOUR

カナダ人(1939〜)
同年代のなかでいちばんの名女優バレリーナです。1959年から66年にかけて、英国ロイヤル・バレエのプリンシパル、1971年から78年にかけては、ゲスト・プリンシパルをつとめました。テクニックも演技力も有名で、ロイヤル・バレエの二大振付家、フレデリック・アシュトンとケネス・マクミランが、シーモアのための役柄をつくったほどです。そのなかには、アシュトンによる『田園の出来事』のナターリア・ペトロヴナや『イサドラ・ダンカン風のブラームスの5つのワルツ』のはだしのソロ、マクミランによる『マイヤリング(うたかたの恋)』のマリー・ヴェッツェラや『ロミオとジュリエット』のジュリエットがあります。

デヴィッド・ウォール
DAVID WALL

イギリス人(1960〜2013)
1966年、21歳という若さで英国ロイヤル・バレエの男性プリンシパルになりました。こんなに若いプリンシパルはロイヤル・バレエでははじめてです。存在感があるので、当時の名振付家たちはその演技力を生かす振付をかんがえるようになりました。ウォールのパートナーには、リーン・シーモアやマーゴ・フォンティーンといった名バレリーナもいます。有名な役は、ケネス・マクミランの『マイヤリング』のルドルフ皇太子ですが、男性プリンシパルの役のなかでも、とくに感情のあらわし方とからだのつかい方がむずかしいと、今でもいわれています。ウォールのジュテはとてもきれいで、1975年、その姿をエンツォ・プラッツォッタがブロンズ像にしました。ロンドンのチェルシー・エンバンクメントにあります。

『じゃじゃ馬ならし』(1977年)のペトルーキオを踊るデヴィッド・ウォール。

第3章

バレエ・
カンパニーの仕事

LIFE IN A BALLET COMPANY

バレエ・カンパニーではおおぜいの人がはたらいています。
ダンサーのほかにも、作品をつくったり衣装や舞台装置を
準備したりして、舞台をささえる裏方さんもいます。
もちろん、チケットを売る人たちも!

右ページ：舞台そでで出番をまつダンサー。
1946年、サドラーズ・ウェルズ・シアター・バレエの『集合舞踏会』で。

カンパニーをひっぱる

台をささえてくれる人のトップは芸術監督です。だいじなことを決めて、こうしようとみんなに声をかける人。どのバレエ・カンパニーにもかならずいます。

芸術監督になると

カンパニーをどう動かすか、演目は何にするか、だれがどの役を踊るか——こういうことを決めるのが、芸術監督のおもな仕事です。芸術監督は上演する作品すべてを監督し、どんな小さなことでもきちんとできているか、みんなといっしょにたしかめます。芸術監督はプリンシパル・ダンサーだった人がなることが多いので、いい舞台にしなければならないことも、そのためには何をしたらいいかもよく知っています。

こんなふうに踊ってほしいと、芸術監督が直接ダンサーにおしえることがあります。バレエとは観客とのコミュニケーション。観客に気もちがつたわらず、登場人物やストーリーに夢中になってもらえないようでは、どんなにステップがかんぺきでも、いい踊りとはいえません。ダンサーと観客のコミュニケーションを生み出すのも、芸術監督の仕事なのです。

ニネット・ド・ヴァロワ

英国ロイヤル・バレエをつくって初代芸術監督になったニネット・ド・ヴァロワは、バレエの歴史をふりかえるときにわすれてはいけない人です。1898年にアイルランドで生まれ、7歳でイングランドにきて、13歳でバレエをはじめました。21歳のときには、プロのダンサーとしてコヴェント・ガーデンでオペラにでています。1923年、ド・ヴァロワはバレエ・リュスにはいりました。アリシア・マルコワの先生であり相談相手でもあるメンターにもなりました。のちにマルコワは、トップクラスのイギリス人ダンサーになります。

やがてド・ヴァロワは、イギリス人ダンサーのための学校と自分のバレエ・カンパニーをつくろう、と決めます。そしてサドラーズ・ウェルズ・シアターに学校とカンパニーをひらきました。それがのちにロイヤル・バレエ・スクール、英国ロイヤル・バレエ、バーミンガム・ロイヤル・バレエになります。ド・ヴァロワは1963年まで英国ロイヤル・バレエの芸術監督をつとめ、引退後はロイヤル・バレエ・スクールで働きました。一生バレエに関わりつづけ、2001年、102歳でなくなりました。

ロイヤル・バレエの初代芸術監督、ニネット・ド・ヴァロワ。

2012年、ロイヤル・バレエの芸術監督になったケヴィン・オヘア。

ツアー

国内ツアーも海外ツアーも、バレエ・カンパニーにはだいじな仕事です。どこへいくかは、テクニカル・チームと相談して、芸術監督が決めます。

テクニカル・チームは、まずツアー先をたずねて、大きさや設備がちょうどいい劇場があるかどうかたしかめます。近くにリハーサル用の会場があるか、交通やホテルなどが便利かどうかもしらべます。これはツアーの1年以上も前の仕事で、そのあと本番の数か月前に、衣装やセットなどを船やトラックで運びこみます。

ツアーとなると、とくに海外の場合、計画をたてたり人を動かしたりするのがたいへんです。けれども国内でも海外でも、バレエが好きな人たちのところへでかけていって舞台を見てもらうのは、カンパニーとしてはうれしいチャンスであり、ダンサーにとってもすてきな経験になります。

2013年の英国ロイヤル・バレエ東京ツアーより。演目はアンソニー・ダウエル版『白鳥の湖』(1987〜2015)。

舞台をささえる人たち

バレエ・カンパニーには、ステージで踊ることのほかに
だいじな仕事がたくさんあります。
そのなかの一部を紹介しましょう。

❀ **バレエ・マスター、バレエ・ミストレス**

リハーサルで指導したり、ダンサーにいろいろな役をおしえたりします。

❀ **レペティトゥール(振り移し師)**

決められた演目について、リハーサルで指導します。おもにプリンシパルやソリストをおしえます。

❀ **バレエ教師**

ふだんのクラスレッスンでバレエをおしえます。

❀ **スケジュール管理**

リハーサルのスケジュールをたてて進行したり、キャスティングの調整をしたりします。

❀ **ノーテーター**

振付家がかんがえたステップや動きを記録し、リバイバル作品のときには、ノーテーション(舞踊譜)どおりに踊っているかどうかをたしかめます。

❀ **ピアニスト**

ふだんのレッスンやリハーサルで伴奏します。オーケストラにはいって演奏することもあります。

❀ **ヘルス・ケア**

ダンサーの健康や体調をケアします。

❀ **舞台監督**

公演で、舞台装置や小道具などテクニカルなことや進行がうまくいくように気をくばります。

❀ **ヘアメイク／メイクアップ・アーティスト**

ダンサーのヘアメイクとメイクアップ、なかでもたいへんな特殊メイクをてつだいます。

❀ **衣装係**

ウィッグ、衣装、シューズの係です。

❀ **ドレッサー**

ダンサーが舞台衣装を着るのをてつだいます。

『白鳥の湖』

SWAN LAKE

アンソニー・ダウエル版の『白鳥の湖』。白鳥のコール・ド・バレエといっしょに、サラ・ラムとフェデリコ・ボネッリが主役オデットとジークフリート王子を踊ります。王子はオデットと恋におちますが、オデットは呪いをかけられたせいで、昼は白鳥の姿をしています。人の姿になるのは夜だけです。

世界のバレエ・カンパニー

リハーサル・スタジオで練習をする英国ロイヤル・バレエのマリアネラ・ヌニェス。ほかのダンサーたちが見つめています。

バレエ・カンパニーの仕事は、バレエの舞台を観客にとどけることです。たいていは拠点となる劇場をもっていて、そこで多くを上演しますが、ほかの町やほかの国にでかけて、じぶんたちの舞台を見てもらうこともあります。

レパートリー

どこのバレエ・カンパニーにも、いつでも上演できるとくいな作品、レパートリーがあります。レパートリーをふやすこともありますが、それは新しくつくったバレエだったり、昔のバレエのリバイバルだったりします。

1シーズン（英国ロイヤル・バレエでは1年が1シーズンです）の公演は、全幕物が6作品と、短いプログラムをいくつか組みあわせたミックス・ビルが5作品。1週間に何回か公演しますが、夜と昼と両方公演する日もあります。なお、昼の公演のことをマチネといいます。

有名なバレエ・カンパニー

英国ロイヤル・バレエ
※

ロンドンのロイヤル・オペラ・ハウスが専用の劇場です。ニネット・ド・ヴァロワが1931年につくったヴィック・ウェルズ・バレエがはじまりで、今ではイギリスでいちばん大きなバレエ・カンパニーになりました。

バーミンガム・ロイヤル・バレエ
※

はじめはサドラーズ・ウェルズ・ロイヤル・バレエといって、英国ロイヤル・バレエのツアーを中心におこなう姉妹カンパニーでした。1990年にバーミンガムにうつってこの名まえになり、1997年には独立したカンパニーになりました。

ボリショイ・バレエ
※

1825年からずっとこの名まえです。ロシアの民族のあいだで長くうけつがれてきた、自然体でのびのびした「モスクワ・スタイル」で知られています。

マリインスキー・バレエ
※

ロシアのサンクトペテルブルクに劇場をもっています。その歴史は1730年代までさかのぼり、キーロフ・バレエとよばれたこともありました。クラシックスタイルで有名です。

パリ・オペラ座バレエ
※

17世紀からある、世界でいちばん古いバレエ・カンパニーです。パリにあるパレ・ガルニエ（ガルニエ宮）・オペラ・ハウスが劇場です。

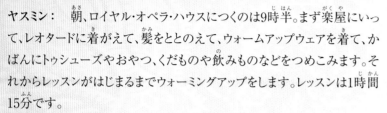

ダンサーの一日
A dancer's day

毎日いそがしいダンサー。英国ロイヤル・バレエのダンサー、ヤスミン・ナジとマルセリーノ・サンベの二人に、ふだんはどんな一日をすごすのかきいてみました。

ヤスミン: 朝、ロイヤル・オペラ・ハウスにつくのは9時半。まず楽屋にいって、レオタードに着がえて、髪をととのえて、ウォームアップウェアを着て、かばんにトゥシューズやおやつ、くだものや飲みものなどをつめこみます。それからレッスンがはじまるまでウォーミングアップをします。レッスンは1時間15分です。

マルセリーノ: レッスンはその日の準備運動です。はじめにバーのわきに立って足とふくらはぎをあたため、そのあと、基本のドゥミ・プリエ(4つのポジションでひざをゆっくり曲げること)から動きの大きいグラン・バットマン(足をけりあげて、もとの位置にもどす)まで、だんだんむずかしくなるバーエクササイズをいくつかやっていきます。

ヤスミン: これで、ちかづく公演やその日の夜の公演にそなえたリハーサルができるようになります。衣装やウィッグやシューズの試着、からだのメンテナンス、マッサージ、体力トレーニングなどもあります。もし時間があけば、休憩をとってみんなとおしゃべりしたり、トゥシューズのリボンをぬったりします。

マルセリーノ: 朝のレッスンと最初のリハーサルのあいだは休憩で、着がえをします。レッスンで汗びっしょりになるからです。ランチは1時間。友だちとしゃべったり、ストレッチをしたりします。そしてまたリハーサル。こうして一日がおわります。

ヤスミン: リハーサルは夕方5時半におわり、夜の公演まで休憩です。そのあいだに元気のもとの食事をして、またウォーミングアップ。それからメイクをして衣装を着て、気もちを高めます。ソロを踊ることになっているときには、ステージに上がる前に、うまく踊る自分をイメージします。

マルセリーノ: 公演がなければ6時半におわるので、そういうときには家にかえったり友だちとすごしたりします。スカイプで家族と話をすると気もちがおちつきますね。おふろもいい。すごくリラックスできます。公演があるときは、おわるのは10時半です。

ヤスミン: 舞台がおわると、メイクをとって、衣装をぬいで、シャワーをあびて、そうして10時50分ごろに劇場を出ます。お客さんが楽屋口で待っていてくれることもよくあるので、お話をしてからかえります。一日のなかでいちばん好きなのは、舞台がおわって、思ったとおりにうまくできた、と感じるとき。ミスなくソロを踊って、お客さんの拍手をきいたときです。

マルセリーノ: 毎朝目がさめると、きょうも大好きなダンスができる、と思って、とてもうれしくなります。どんなときが好きかときかれれば、夜の公演の、さいごのカーテンコールです。ぼくたちががんばったことに、お客さんたちが拍手喝采してくれるとき。一日の疲れがふっとびます!

ニューヨーク・シティ・バレエ
※

1948年、ジョージ・バランシンとリンカーン・カースティンがつくりました。バランシンは1983年になくなるまで、芸術監督をつとめました。

アメリカン・バレエ・シアター
※

1940年にできました。レパートリーが多いのが自慢です。1980年から90年にかけて、名ダンサー、ミハイル・バリシニコフが芸術監督をつとめました。

シュツットガルト・バレエ
※

ドイツのシュツットガルトは、宮廷バレエにまでさかのぼることができるバレエのふるさとです。1960年代、そのシュツットガルトに有名な振付家ジョン・クランコがつくったのが、このバレエ・カンパニーでした。

ファースト・アーティスト
ヤスミン・ナジ

アーティスト
マルセリーノ・サンベ

健康管理

ンスでもサッカーでも水泳でも、トップアスリートにはコンディションづくりをてつだう人がほしいものです。そういう人たちのおかげで、本番で力が出せて、けがからもすぐに回復できるのです。バレエ・ダンサーの場合、ほかのアスリートとはちがって、毎日、最高のコンディションでいなければなりません。大きなカンパニーでは、公演のほかにも週に5作品ほどのリハーサルがあるからです。たいへんな毎日ですね!

健康管理室で運動をするティアニー・ヒープ。

英国ロイヤル・バレエ健康管理チーム

どのバレエ・カンパニーにも、ダンサーの体調やけがをチェックしたり、毎日のようすを記録したりする人たちがいます。ロイヤル・バレエの健康管理室はダンスの世界ではトップレベルで、専門家がチームを組んでいます。どんな専門家がいるか、みていきましょう。

チームリーダー

※

けがをしたダンサーのサポートがスムーズにできるよう、健康管理チーム全体をみます。

スポーツ科学の専門家

※

ジャンプできるだけの体力をつけたり、関節のけがを防いだりするために、体力と体調をかんがえたプログラムをつくります。ふつうのトレーニングやバランストレーニングにくわえて、ウェイトトレーニングをすることもあります。

理学療法士

※

けがをしたダンサーと話しながら、舞台をつづけたり舞台にもどったりするためには何をしたらいいかを決めます。公演中のけがにそなえて、いつでも劇場にかけつけられるように待っています。

軟部組織療法士

※

筋肉、靭帯、腱、筋膜(筋肉のまわりにあるだいじな組織)など、骨以外のやわらかいところをマッサージなどでほぐして、けがが早くなおるようにしてくれます。

スタジオでストレッチをする
マーラ・ガレアッツィ。

ダンサーの素顔

けがをなおして
Recovering from injury

同年代のバレリーナのなかでとくに天才といわれたローレン・カスバートソン。若くしてソロでデビューしています。ところがプリンシパルにえらばれてすぐ、足をくじいてしまいました。さらに感染症にかかり、疲れがぬけない病気にもなってしまいます。なおるまで時間はかかりましたが、それはかんがえる時間にもなりました。

「ちょっとした疲れやけがは、ダンサーならよく経験することです。でもそれが重いものだったら、心もからだもつらくなります。それまで一生懸命やってきたことがゼロになってしまうと感じるからです。

でも、あわてずゆっくりなおそうと決めれば、あせりがきえて、自分のからだがよく見えてきます。リハビリをはじめると、あれもこれもできるようになった、と思えます。サポートしてくれる人たちがいれば、なおのこと。けがと向きあうと、がんばろう、もっとつよくなろう、と思います。はじめはいらいらして不安がいっぱいなので、そういう気もちになるのはたいへんですけれど」

プリンシパル・ダンサー
ローレン・カスバートソン

スポーツ医
※

病院に行かなければならないようなけがをしたときに、みてもらいます。トップアスリートが病院でかかるのは、スポーツ医学の専門医です。

精神科医
※

毎晩ステージで力いっぱい踊るダンサーは、心もつよくなければなりません。バレエ・カンパニーにいる精神科医は、ダンサーがどんなにたいへんか知っているので、「ダンスに集中しよう」「あせらないで」「自分を信じて」などと、とくにけがをしたときにアドバイスします。

ピラティス／ジャイロトニック・
インストラクター
※

機械をつかって、からだをやわらかくスムーズに動かすトレーニングをします。けがをしても、むりなく元どおりに動けるようになります。

栄養士
※

からだにいいものをきちんと食べることは、ダンサーにはだいじなことです。一日じゅう動いて踊るには、たくさんエネルギーがいるからです。バランスのいい食事は何か、栄養士がアドバイスしてくれます。

リハビリ・コーチ
※

ダンサーだった人がなることが多く、けががなおったダンサーにアドバイスして、ジムのトレーニングが踊りに役だつようにしたり、健康管理チームと舞台のスタッフの両方と話をしながら、舞台に立てるかどうか決めたりします。

⚫ ピラティス・リフォーマーでストレッチができます。

劇場のなか

観客は、劇場のほんの一部分しか見ることができません。舞台がはじまる前、ロビーにはいって、カフェで一休みして、だんだん気もちが高まってきて、開演のベルが鳴る。それから席について、照明が暗くなって……。ほかに何があるのかな？　ふだんは見られないところに行ってみましょう。

メリッサ・ハミルトンとギャリー・エイヴィス。ロイヤル・オペラ・ハウスのリハーサル・スタジオからはロンドンの空と街並みが見えます。

ステージ

幕があがってからは、観客の目はずっとステージにそそがれます。けれど、客席から見えるところだけがステージではありません。ステージの右と左のわきにある舞台そで。客席からは見えませんが、そこでは、ダンサーたちが出番の合図を待ったり、ウォーミングアップをしたりしています。

ステージの裏、バックステージでは、舞台装置を上げ下げしたり移動させたりしています。バックステージではたらく人たちは、公演のあいだずっと動きどおし。進行にあわせて舞台装置をかえます。大きな劇場ではバックステージはとても広く、セットや照明の組みたてもできます。

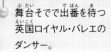

舞台そでで出番を待つ英国ロイヤル・バレエのダンサー。

ステージ下手（客席にむかって右）の舞台そで。写真の左奥がステージ。客席の赤いシートがちらと見えます。

リハーサルもつづきます

公演していない劇場は、人がいなくて静かだろうと思うでしょう。でもそうではありません。いつも何かやっているのです。たとえば、ダンサーにとってたいせつなクラスレッスン（毎日のトレーニング）とリハーサル。鏡とバーをそなえつけたリハーサル・スタジオは、クラスレッスンとリハーサルにつかわれています。ダンサーは本番前にはしっかり練習しなければなりません。リハーサルも一作品に3週間ぐらいかけます。

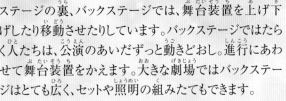

ロイヤル・オペラ・ハウスにスポットライト

何でもそろっています

All in one place

1990年代にロイヤル・オペラ・ハウスを新しく建てなおしたとき、ロイヤル・オペラと英国ロイヤル・バレエがつかう設備がぜんぶ、新しい建物のなかにそろいました。新しいパブリック・スペース、工房、事務所、リハーサル・スタジオもできました。リハーサル・スタジオはいくつかありますが、そのなかには本番のステージとまったくおなじ大きさのものもあるので、ダンサーは本番とおなじ感覚で練習できます。でも何よりもいいのは、街のなかをあちこち動かなくてすむこと。レッスンも休憩もリハーサルも本番も、ぜんぶここでできるのですから。

入り口には名まえが

ほかに観客が見られない場所といったら、ダンサーの楽屋があります。そこはプライベートな部屋で、公演前のしたくをしたり、くつろいだり、役づくりをしたりします。コール・ド・バレエのダンサーたちは一部屋をいっしょにつかうことが多いのですが、主役クラスのダンサーたちは、2、3人で一部屋です。みんな、それぞれのスペースを好きなようにかざるので、公演中はまるで自分の家のようになります。

ロイヤル・バレエのプリンシパル、ティアゴ・ソアレス。楽屋でストレッチをしています。

ロイヤル・オペラ・ハウスの正面。

ロイヤル・オペラ・ハウスのウィッグ工房。

表方の仕事

「表方」というのは観客に見えるところで、ロビー、手荷物をあずかるクローク、レストラン、客席などをさします。案内係や、プログラムやチケットを売る人たちなどが表方スタッフで、一日のほとんどを観客のおもてなしのためにはたらきます。とにかく、劇場というところはいそがしいのです。

ロイヤル・オペラ・ハウスのパブリック・スペース。

第 4 章

バレエ・スクールってどんなところ?

BALLET SCHOOL

バレエ・スクールに通うって、どんな感じだろうと
思ったことはありますか? スクールはきびしい
けれど、「がんばったごほうび」が待つところ。
はじめてバレエ・ダンサーとしてステージに
立つときなんて、最高です!

右ページ：トゥシューズをはくスクール生。

バレエを習いましょう

バレエは、小さい子でも習うことができます。でもプロのダンサーになるのなら、11歳か12歳ごろには本格的なトレーニングをはじめなければならないので、バレエ・スクールに入学した方がいいでしょう。

お教室をみつける

バレエを習いたいと思ったら、近くのバレエ教室にはいるのがいちばんです。ふつうは週に1回1時間くらい、資格のある先生に習います。お教室ではまずステップやポジションを習い、それからお教室の発表会で踊る作品を練習します。また先生は進級テストをうけさせてくれたり、コンクールに出させてくれたりするので、どのくらいじょうずになったかがわかります。

つま先をきちんとのばせるように、先生がスクール生の足の位置をなおしています。

4歳5歳の小さい子もバレエを習えます。

バレエ・スクールに行く

この子は一生けんめいに練習するし、じょうずになりそうだ、と思うと、先生は本格的なバレエ・スクールに行くようすすめてくれます。そういうバレエ・スクールはたいてい全寮制で、そこで暮らしながら、ふつうの学校とおなじように勉強して、クラシック・バレエを習います。どこまで習うかにもよりますが、16歳か18歳くらいで卒業です。

バレエ・スクールにはいるのはたいてい11歳ですが、それにはオーディションをうけなければなりません。どのくらい踊れるか、審査員の前で踊って見せるのです。音楽にあわせていろいろなステップを組みあわせて踊るようにいわれたり、こういうスタイルで踊ってみせて、といわれたりもします。またその場でみじかい振付をおそわって踊ることもあります。合格すればスクール生です。

ウェアをそろえる

近くのバレエ教室であってもバレエ・スクールであっても、バレエを習うなら正式なバレエ用のウェアをそろえなければなりません。女の子はレオタードにタイツ。そして練習用のバレエシューズを用意します。上手になれば、トゥシューズもそろえることになります。また練習用のスカートをはくこともあります。役がついたら、練習用のチュチュもいります。髪は顔をだすようにうしろにまとめたり、おだんごにしたりします。男の子はＴシャツかレオタードを着て、男の子用のタイツと白いソックス、バレエシューズをはきます。

● ダンスショップでチュチュを試着しています。

● 男の子のウェア。

● レオタード、タイツ、バレエシューズ、そして練習用のスカートを身につけたスクール生。

スクール生の一日
The life of a ballet student

朝は7時に起きて、ごはんを食べてから、8時半にはじまる授業に出ます。ふつうの授業が2時間、バレエが2時間、そしてランチ。それからまた2時間ふつうの授業をうけて、休憩。おやつを食べたり、午後のダンスの授業のしたくをしたり、休んだりします。

午後のダンスの授業では、ポワントや振付作品など、午前の授業とはちがうことをやります。年少のクラスではスコティッシュダンスやアイリッシュダンスを習います。英語や数学、理科などふつうの教科も勉強しますが、ダンスの研究や表現芸術の勉強もしているんです。

わたしは学校の寄宿舎に住んでいます。学年が一緒の子たちとはおなじ寮ですが、男の子とはべつです。おなじ学年の女の子はわたしのほかに12人。いちばん仲良しのお友だちと二人部屋です。家族とはよく連絡をとっていて、2週間に一度、家にかえります。一日のうちでいちばん好きな時間は、午後のダンスの授業です。ずっと自由に踊れるからです。

学校が制作する舞台のほかには、学年のおわりにロイヤル・オペラ・ハウスの夏公演にみんなで出ますし、ロイヤル・バレエが制作する『白鳥の湖』や『くるみ割り人形』に出ることもあります。舞台に出ると、自分たちがめざしているものにあらためて気づくことができます。舞台は好きです。はじめて出たときは、どきどきしてとてもつかれました。でも自信がつけば、こんなに楽しいことはありません。一生けんめい踊りたいと思えます。

今まででいちばんどきどきしたのは、バレエシーズンの最後をかざるグラン・デフィレです。ロイヤル・オペラ・ハウスのメイン・ステージで、スクール生全員が踊りますが、みんなでいっしょに踊るのはとくべつな気もちになります。学年ごとに踊るので、だんだんじょうずになっていくのもわかるでしょう。がんばればできる、と思えます。

ロイヤル・バレエ・スクール生
ナターリア・ドワイヤー

バレエの基本

バレエには腕と足の基本のポジションがあって、そのポジションでステップをはじめたり、おわらせたりします。この基本を正しく身につけておけば、自信がついて、いつも優雅で感情ゆたかに踊れるようになります。

1番ポジション
両腕を体の前で楕円の形に。

2番ポジション
両腕を肩の線より前で大きくひろげ、丸みをつくる。

つま先をまっすぐに

バレエをはじめていちばんに習うのは、つま先をまっすぐにのばすことです。腰からひざ、足首をとおって、足の中指つま先まで、一直線にしなければなりません。足首から下がやわらかくスムーズに動くようにしておけば、足全体を長く見せることができます。

5つのポジション

腕と足の基本ポジションは5つずつあって、たとえば、腕は1番ポジションで足は2番ポジションというように、いろいろ組みあわせることができます。でも、どんな組みあわせでも、それぞれのポジションは決められた形でなければいけません。

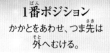

1番ポジション
かかとをあわせ、つま先は外へむける。

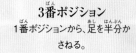

3番ポジション
1番ポジションから、足を半分かさねる。

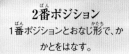

2番ポジション
1番ポジションとおなじ形で、かかとをはなす。

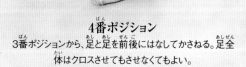

4番ポジション
3番ポジションから、足と足を前後にはなしてかさねる。足全体はクロスさせてもさせなくてもよい。

5番ポジション
4番ポジションから両足をぴったりつけ、足全体をクロスさせる。

3番ポジション
一方の腕を前でかるく曲げ、もう片方の腕は丸みをつくって横へ広げる。

4番ポジション
一方の腕を前よりにあげ、もう片方の腕は丸みをつくって横へ広げる。

5番ポジション
両腕をあげて楕円の形に。

マイム

ストーリー・バレエではマイムがとてもだいじ。とくに昔からあるロマンティック・バレエではよくつかわれます。マイムとは、ストーリーをわかりやすくする身ぶり手ぶりです。ダンサーはいくつか決まったマイムを覚えなければなりません。たとえば「おねがいします」というときは、両手を胸の前でしっかり組みます。「結婚」は、結婚指輪をはめる左手のくすり指を右手でさします。

バレエの動き

レッスンがすすむと、覚えなければならないステップ（フランス語で「パ」といいます）やポジションがたくさんでてきます。そのうちのいくつかを下で説明します。バレエ用語はフランス語が多いのですが、それはフランスでステップが生まれたからです。どんな動きも、がんばった顔をしないで、ふわりと優雅に見せましょう。

※ **アラベスク**：片足で立って、もう片方の足をうしろへきれいにのばします。

※ **バットマン**：片方の足をひらいたりとじたりします。

※ **アントルシャ**：とびあがっているあいだに、空中で何回か足をクロスさせます。

※ **グリッサード**：すべるように動くステップです。

※ **ジュテ**：片方の足ではねるようにジャンプして、もう片方の足でおります。

※ **パ・ド・シャ**：片方の足でとびあがってからもう片方の足もひきあげ、両足でダイヤの形をつくってから、片足ずつおります。

※ **パ・ド・ドゥ**：ふたりで踊ります。

※ **ピルエット**：くるくる回ります。

※ **プリエ**：両足を外側に回したまま、ひざをまげます。

※ **ルルヴェ**：かかとが床についた状態から、かかとをあげて、つま先で立ちます。

※ **ロン・ドゥ・ジャンブ**：床の上または宙で、円をえがくように片方の足を動かします。

※ **シソンヌ**：ハサミの形のように両足でとびあがって、片足でおります。

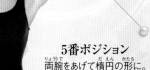

「あなたに愛をちかいます」をマイムであらわすカルロス・アコスタ。指を2本たて、もう一方の手を胸にあてます。

『ディアナとアクティオン』のフェデリコ・ボネッリ。グラン・ジュテをしています。

『シンデレラ』の妖精役でアラベスクをするローレン・カスバートソン。

息ぬきのとき

TIME TO RELAX

プロのダンサーは、何年もトレーニングの日々をすごしてバレエ・カンパニーで活躍しているのですが、休みをとって元気をとりもどしたり気分をかえたりするのもだいじです。写真は英国ロイヤル・バレエのソリスト、エリザベス・ハロッド。リハーサルとリハーサルのあいだにひと休みしています。

プロをめざす

パ・ド・トロワ（3人で踊ること）で踊るソリストたち。バレエ『ジュエルズ』の「エメラルド」より。

『シンデレラ』でカーテンコールにこたえる吉田都。ステージに花がたくさん投げられました。舞台のおわりに観客の拍手喝采をもらうのは、ダンサーには最高にうれしいことです。

バレエ・スクールの勉強やトレーニングがおわると、つぎは仕事さがしです。バレエ・スクールはたいていバレエ・カンパニーとつながっているので、卒業したらカンパニーへそのまま進むのがふつうです。ロイヤル・バレエ・スクールも英国ロイヤル・バレエとつながっていますが、入団するにはオーディションを受けなければなりません。

ここが勝負!

ダンサーの日々は、オーディションにつぐオーディション。カンパニーで仕事をもらうにはオーディションを受けなければなりませんが、ある作品のこの役、という受け方もあります。ただいつも合格するとはかぎりません。ほかのダンサーの方がその役にむいていることもあるからです。もしその役をもらえれば、がんばってよかった、とうれしくなります。あとはしっかり踊ることですね。

ダンサーのランク

バレエ・スクールを卒業してカンパニーにはいると、まずコール・ド・バレエのダンサーになって、大きなバレエ作品にあるアンサンブルの部分に出て踊ります。経験をつんで力がつけば、ランクがあがってソロで踊ることもできるようになり、いつかは主役を踊るプリンシパルになることもあるでしょう。

バレエ・ダンサーのランクは、バレエ・カンパニーによって呼び方がちがいます。ここでは英国ロイヤル・バレエのランクについて説明します。

※ アーティスト：群舞を踊るコール・ド・バレエのダンサー。
※ ファースト・アーティスト：コール・ド・バレエのなかでとくに上手なダンサー。
※ ソリスト：ソロを踊るダンサー。
※ ファースト・ソリスト：主役を踊ることができるソリスト。
※ プリンシパル・キャラクター・アーティスト：ダンスも演技も上手なダンサー。とくに、個性の強い役を踊ります。
※ プリンシパル：主役を踊るダンサー。

ジョージ・バランシンのバレエ『ジュエルズ』より「ダイヤモンド」を踊るコール・ド・バレエのダンサーたち。

バレリーナのしるし、トゥシューズとチュチュ。

『マルグリットとアルマン』の
マルグリットを踊るシルヴィ・
ギエム。

シルヴィ・ギエム
SYLVIE GUILLEM

フランス人（1965～）

パリ生まれのギエムは、子どものころ体操をやっていましたが、11歳のときにバレエをすすめられてパリ・オペラ座バレエ・スクールにはいります。はじめはいやだったのですが、だんだん好きになりました。1984年から89年まで、パリ・オペラ座バレエのエトワール（プリンシパル）をつとめました。そのあと英国ロイヤル・バレエでプリンシパル・ゲスト・アーティストになって主役をたくさん踊り、ほかの有名なバレエ・カンパニーでもフリーランスで踊っています。目をみはるテクニックや存在感のある踊りで有名ですが、今はコンテンポラリー・ダンスでも活躍しています。

イレク・ムハメドフ
IREK MUKHAMEDOV

ロシア人（1960～）

モスクワ舞踊学校を卒業したあと、モスクワ・クラシック・バレエのツアーで踊りました。1981年、ボリショイ・バレエにまねかれると、がっしりした体つきの力強いダンサーとして有名になり、ボリショイ・バレエの代表作『スパルタクス』でタイトルロールであるスパルタクスを踊りました。それまでの「スパルタクス」役のなかではいちばん若いダンサーです。1990年、ムハメドフはロシアをはなれて英国ロイヤル・バレエにはいります。2001年まで活躍しますが、そのあいだに振付家のケネス・マクミランといっしょに仕事をして、『三人姉妹』『ユダの木』で踊りました。ダンサーを引退してからは、世界じゅうで演出と振付をしています。

『スパルタクス』のタイトルロールを
踊るイレク・ムハメドフ。

第5章

バレエの名作を楽しみましょう

FAMOUS BALLETS

ストーリーを知っていると
どんな場面かわかるので、
バレエがずっと楽しめます。
名作のストーリーを読んでいきましょう。

右ページ：『くるみ割り人形』第1幕。イオナ・ルーツが演じるクララと
リカルド・セルヴェラが演じるハンス・ペーターがお菓子の国へでかけます。

ジゼル

ロマンティック・バレエ

バレエが生まれてすぐのころの古典的な作品。今でも有名なバレエ・カンパニーのレパートリーにはいっています。

カルロッタ・グリジ。タイトルロールのジゼルをはじめて踊りました。

ジゼルを踊るロベルタ・マルケス。

ストーリー

第1幕、村の娘ジゼルが、村にやってきた見知らぬ男と恋におちます： その人はアルブレヒト伯爵。でもジゼルに自分が伯爵であることはかくしています。村の若者ヒラリオンはジゼルのことが好きで、アルブレヒトがほんとうはだれなのか知って、それをジゼルに話しますが、ジゼルは信じません。そのとき貴族が通りかかります。そのなかにアルブレヒトの婚約者バチルドがいました。バチルドはジゼルに、アルブレヒトが伯爵で、自分たちは婚約している、と話します。ジゼルはショックのあまり、アルブレヒトの剣で自分の胸をさして死んでしまいました。

コール・ド・バレエが踊るウィリ。婚約者にすてられて死んだ若い女の霊が、しかえしに男を死ぬまで踊らせます。

第2幕、夜の場面： ヒラリオンがジゼルの墓にやってくると、婚約者に捨てられて死んだ若い女の霊ウィリが、ウィリの女王ミルタにつれられておおぜいあらわれました。そのなかにはジゼルの姿もありました。ウィリはしかえしに、ここへ来る男を死ぬまで踊らせるのです。ヒラリオンも踊らされて死にました。そこへやってきたアルブレヒトもウィリにとりつかれます。ジゼルがアルブレヒトをたすけようとしたとき、夜が明けてウィリの魔法はきえました。ジゼルはアルブレヒトをゆるし、うらんだり悲しんだりする気もちから自由になりました。そうしてウィリにならずにすんだジゼルは墓にかえり、アルブレヒトはひとりぼっちで悲しい気もちになったのでした。

【インフォメーション】

初演：1841年、フランス、パリ・オペラ座。

音楽：アドルフ・アダン。バレエ『海賊』も有名。

振付：マリウス・プティパ。ジャン・コラリとジュール・ペローの作品をもとにしている。

作品について：はじめてジゼルを踊ったのはイタリア人バレリーナ、カルロッタ・グリジ。作品は大評判、グリジは人気バレリーナになりました。音楽も、アドルフ・アダンのいちばんの作品といわれるようになり、とくに第2幕の神秘的なウィリの曲は有名です。

眠れる森の美女
クラシック・バレエ

ロシアの名クラシック・バレエで、みんなが大好きなおとぎ話。100年以上、観客を楽しませています。英国ロイヤル・バレエおなじみの作品です。

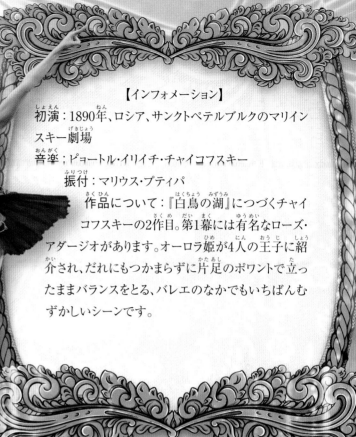

【インフォメーション】
初演：1890年、ロシア、サンクトペテルブルクのマリインスキー劇場
音楽：ピョートル・イリイチ・チャイコフスキー
振付：マリウス・プティパ
作品について：『白鳥の湖』につづくチャイコフスキーの2作目。第1幕には有名なローズ・アダージオがあります。オーロラ姫が4人の王子に紹介され、だれにもつかまらずに片足のポワントで立ったままバランスをとる、バレエのなかでもいちばんむずかしいシーンです。

ストーリー

プロローグ、オーロラ姫の洗礼式： 王さまとお妃さまは、姫の名づけ親になってもらおうと妖精たちを招待しました。ところが悪い魔女カラボスを呼ぶのをわすれてしまったのです。カラボスはおこって、いつかオーロラ姫は指をさして死ぬだろう、と呪いをかけます。でも、リラの精がまだ贈りものをしていなかったので、たすかりました。「オーロラ姫は死なずに100年のねむりにつき、王子さまのキスでめざめるだろう」と魔法をかけてくれたのです。

第1幕、おとなになったオーロラ姫： 誕生日のパーティに、4人の王子が結婚をもうしこみにきました。パーティでオーロラ姫は一人のおばあさんから、糸車の「つむ」をもらいます。そしてそれを持ったまま踊って、指をさしてしまいました。おばあさんは、実はカラボスでした。そのときリラの精が魔法をかけてお城のみんなをねむらせ、魔法の森がお城をつつみました。

第2幕、100年後： 一人の王子さまが森のなかで狩りをしています。そこへリラの精があらわれ、王子にオーロラ姫のまぼろしを見せました。まぼろしの姫と踊った王子は恋をしてしまい、リラの精に美しい姫のところにつれていってほしい、とたのみます。リラの精につれられてお城へやってきた王子は、オーロラ姫をみつけてキスをします。姫もお城の人たちも、みんな目をさましました。

第3幕、結婚式： オーロラ姫と王子さまの結婚式が、おおぜいのお客さんをあつめて開かれました。お祝いのダンスがつづくなか、リラの精が二人の幸せをいのります。

オーロラ姫の名づけ親になるいい妖精の一人、勇気の精を演じるエマ・マグワイア。あちこちを指さしながら、姫が生まれてよろこぶ気もちをあらわしています。

小林ひかるが演じるオーロラ姫。ローズ・アダージオを踊っています。4人の王子がつぎつぎと姫をささえていきますが、つぎの王子が手をとるまでは、一人でバランスをとらなければなりません。

ローレン・カスバートソンが演じるオーロラ姫と4人の王子。ローズ・アダージオをおえて。

白鳥の湖

クラシック・バレエ

い つの時代も、『白鳥の湖』はいちばんの人気。衣装も振付も音楽も、心に強く残ります。世界じゅうのバレエ・カンパニーが、この作品をレパートリーにいれています。

アンソニー・ダウエル版『白鳥の湖』第2幕、コール・ド・バレエの白鳥たち。

ストーリー

第1幕、ジークフリート王子： まわりから結婚しなさいといわれる王子ですが、好きでもない人とは結婚したくないので、なやんでいます。誕生日パーティで友だちから石弓をプレゼントされた王子は、白鳥がとんでいくのを見た友だちのベンノから狩りにさそわれます。二人は白鳥を追いかけます。

第2幕、月の光がそそぐ湖： ベンノが白鳥をさがしにいき、ジークフリート王子は一人になってしまいました。そこへ、悪魔のロットバルトがふくろうの姿であらわれます。しばらくすると白鳥が一羽やってきて、美しい娘オデットに姿をかえました。ロットバルトの呪いのせいでほかの娘たちといっしょに白鳥にされ、夜しか人間の姿にもどれない、だれかが永遠の愛をちかってくれれば呪いはとける——オデットはジークフリート王子に話をします。ジークフリート王子は愛をちかうと約束しましたが、夜が明けて、オデットは白鳥にもどってしまいました。

第3幕、王子のお城で： 6人の姫のなかから結婚相手をえらばなければならなくなった王子。けれど

オデットのことばかり思い出して、えらべません。そこへロットバルトが、オデットに似せた自分の娘オディールをつれてあらわれます。オディールとジークフリート王子はいっしょに踊り、王子はその娘をオデットだと思いこんで、愛をちかってしまいました。そのとき、ほんとうのオデットが鏡にうつりました。ジークフリート王子は約束をやぶったのです。もうオデットをたすけることができません。

第4幕、ふたたび湖： オデットが湖に身を投げようとしています。そこへジークフリート王子がやってきて、心からあやまりました。オデットは許しますが、王子が約束をやぶってしまったので、人間の姿にはもどれません。二人はいっしょに死のうと思い、さきにオデットが湖にとびこみました。ロットバルトはジークフリート王子をとびこませまいと邪魔をしましたが、だめでした。夜が明け、二人は死んで結ばれたのでした。

『白鳥の湖』の主役オディールとジークフリート王子を踊るゼナイダ・ヤノウスキーとネマイア・キッシュ。

音楽と振付

『白鳥の湖』がもともとどんなバレエだったかは、記録がほとんどないのでわかっていません。でもチャイコフスキーが、モスクワのロシア帝室劇場の責任者だったウラジーミル・ベギチェフにたのまれて、1875年にバレエ音楽を作曲したのはわかっています。チャイコフスキーはストーリーに手をくわえていますが、ロシアの民話や昔から言いつたえられている白鳥姫の話をヒントにしたようです。

この作品は、はじめて制作されたときは振付がよくないと言われて、人気がでませんでした。チャイコフスキーの死後、マリウス・プティパとレフ・イワノフが新しい振付をして再演したのですが、このときのバレエが、今世界じゅうで見られる舞台のもとになりました。第2幕の4羽の白鳥の踊り、第3幕の黒鳥のパ・ド・ドゥのように、うっとりする場面に、一度聞いたらわすれられない名曲がながれます。

リハーサルするフォンティーンとヌレエフ。

楽屋で第2幕のしたくをするコール・ド・バレエのダンサーたち。
1987年、英国ロイヤル・バレエの『白鳥の湖』で。

【インフォメーション】
『白鳥の湖』はどの作品よりも上演されることの多いバレエで、
何組ものオデット／オディールとジークフリート王子が、
名パートナーシップから生まれました。代表的なパートナー：

マーゴ・フォンティーンと
ルドルフ・ヌレエフ
英国ロイヤル・バレエのスーパースターです。二人は1962年から88年までの26年間、パートナーシップをつづけました。

アントワネット・シブレーと
アンソニー・ダウエル
1960年代と70年代を代表する名パートナーシップ。有名な役をたくさんつとめました。

シルヴィ・ギエムと
ジョナサン・コープ
1980年代後半から2006年にコープが引退するまで、たくさんの主役を踊りました。二人とも背が高いので、ぴったりのパートナーでした。

くるみ割り人形

クラシック・バレエ

昔からクリスマスに上演される、とても楽しいクラシック・バレエ。クリスマス・パーティが舞台です。第1幕のおわりをかざる雪の精の踊りは見のがせません。

第2幕で中国の踊りをみせる英国ロイヤル・バレエのダンサーたち。クララのまわりを4人の男性ダンサーがコミカルに踊っています。

第2幕のアラビアの踊り。音楽はゆっくりでエキゾチックです。バレリーナが3人の男性ダンサーとつぎつぎに踊っていきますが、男性ダンサーは、いろいろなサポートを見せたり、バレリーナを頭の上へ高くもちあげたりします。

ストーリー

第1幕、クララとフリッツの家でクリスマス・パーティがひらかれています: こどもたちを楽しませようと、ドロッセルマイヤーというマジシャンがよばれてきました。クララはドロッセルマイヤーからくるみ割り人形をプレゼントにもらいます。実はその人形には、ドロッセルマイヤーの甥、ハンス・ペーターがとじこめられていました。ねずみの女王に魔法をかけられたのです。パーティがおわって夜おそく、目がさめたクララは人形をさがします。するとびっくり! クリスマス・ツリーもなにもかも、部屋じゅうが大きくなったのです。そこへねずみの王さまがねずみたちを引きつれてあらわれました。くるみ割り人形がうごきだし、おもちゃの兵隊といっしょにねずみと戦いはじめます。クララもいっしょに戦って、ねずみの王さまに勝ちました。するとくるみ割り人形はハンス・ペーターの姿にもどったのです。ハンス・ペーターはクララと踊り、クララをそりで魔法の国へつれていきました。雪の精が夜空に踊ります。

こんぺいとうの精のサラ・ラム。こんぺいとうの精は、むずかしいテクニックがはいったソロやパ・ド・ドゥを、『くるみ割り人形』の有名な曲にあわせて踊ります。

第2幕、クララとハンス・ペーターは、ドロッセルマイヤーが魔法でつくりだしたお菓子の国にやってきました: こんぺいとうの精と王子があらわれます。ドロッセルマイヤーはクララに世界じゅうのダンスを見せてくれました。スペイン、アラビア、中国、ロシア、そしてフランスの「ミルリトンの踊り（あし笛の踊り）」。おしまいは花のワルツと、こんぺいとうの精と王子のダンスでした。そうしてクララとハンス・ペーターは家にかえりました。

【インフォメーション】

初演：1892年、ロシア、サンクトペテルブルクのマリインスキー劇場
音楽：ピョートル・イリイチ・チャイコフスキー

振付：マリウス・プティパ、レフ・イワノフ

作品について：E.T.A. ホフマンの本をもとにつくった作品です。第2幕には世界じゅうの踊りがちりばめられていますが、これをディヴェルティスマンといいます。少ない人数で踊る組曲のことで、ストーリーの流れとはあまりつながりはありません。この作品は振付によって、いろいろな版があります。もともとのストーリーをどう読むかでかわってくるからです。

火の鳥

ネオ・クラシック・バレエ

イーゴリ・ストラヴィンスキーが、はじめてバレエ・リュスのために作曲したバレエです。一幕物で、あっというまに人気がでました。20世紀はじめのクラシック・バレエのスタイルなので、ネオ・クラシック・バレエといわれます。

ストーリー

通りすがりの人に呪いをかける魔王カスチェイ。その魔法の庭にはいったイヴァン王子は火の鳥をみつけます。王子は火の鳥をおいかけてつかまえましたが、火の鳥に「はなしてくれたら羽を1本あげます。こまったときにはたすけましょう」といわれ、火の鳥をはなします。

魔王カスチェイのふるびた城の門まできたイヴァン王子は、呪いをかけられた姫たちに出会います。そしてそのうちの一人に恋をしました。魔王カスチェイと化けものたちは、イヴァン王子をつかまえようとしますが、火の鳥が約束どおりたすけにきてくれて、化けものたちに魔法をかけました。すると化けものたちははげしく踊って（「魔王カスチェイの凶悪な踊り」）ねむってしまいました。

火の鳥はイヴァン王子に、魔王カスチェイがなぜ死なないのか、ひみつをおしえました。大きな魔法のたまごのなかに、魂をしまっているというのです。イヴァン王子はそのたまごをこわしました。すると魔王カスチェイは死に、呪いをかけられていた化けものたちが、もとの姿にもどって目をさましました。あの姫たちも呪いがとけました。イヴァン王子と姫は結婚し、みんながよろこんでお祝いする場面で、バレエはおわります。

英国ロイヤル・バレエの制作で火の鳥とイヴァン王子を演じるロベルタ・マルケスとヴァレリ・ヒリストフ。ストラヴィンスキーがはじめて作曲したバレエです。ひらひらと鳥のようにうごくバレリーナの手が見えますね。

【インフォメーション】
初演：1910年、フランス、パリ・オペラ座
音楽：イーゴリ・ストラヴィンスキー
振付：ミハイル・フォーキン
作品について：ロシアの民話にでてくる強い精霊、火の鳥の伝説をもとにした作品です。火の鳥の羽があれば、人はうつくしくなり、まもられるといわれています。火の鳥のはばたくような踊りと、さいごの結婚の場面でこの作品は有名になり、ストラヴィンスキーは世界中に名まえを知られるようになりました。

ロイヤル・バレエのベネット・ガートサイドとコール・ド・バレエのダンサーたち。2012年の『火の鳥』公演より。

『くるみ割り人形』
THE NUTCRACKER

『白鳥の湖』とならぶ世界中で大人気のバレエです。写真は第2幕、イオナ・ルーツ演じるクララが、英国ロイヤル・バレエのコール・ド・バレエと「ミルリトンの踊り」を踊っているところ。「あし笛の踊り」ともいいます。

シンデレラ
クラシック・バレエ

初演は1893年で、その後おおぜいの振付家が新しい振付で上演しています。フレデリック・アシュトンもその一人で、プロコフィエフの音楽にのせたバレエは、英国式バレエでははじめての全幕物でした。

ストーリー

第1幕、シンデレラは、おとうさんといじわるなおねえさんたちとくらしています：　二人のいじわるなおねえさんたちが舞踏会にでかけるしたくをしていますが、シンデレラには招待状はきていません。そこへ一人のおばあさんがやってきて、食べるものをめぐんでほしい、といいます。シンデレラはかわいそうに思って、パンをすこしあげました。いじわるなおねえさんたちが舞踏会にでかけてしまうと、シンデレラはひとりぼっちで悲しくなりました。するとあのおばあさんがあらわれて、仙女になりました。シンデレラのぼろぼろの服がきれいなドレスに、かぼちゃが馬車に変わります。

第2幕、王子さまのお城の舞踏会：　お城の道化師がお客さんたちをもてなし、いじわるなおねえさんたちをからかっています。そこへ馬車がついて、シンデレラがうつくしい姿を見せました。王子さまはシンデレラに心をひかれます。ところが、夜中の12時の鐘がなるとドレスがぼろぼろの服に変わりました。シンデレラはにげだしますが、くつが片方、ぬげてしまいます。

第3幕、シンデレラの家の台所：　あれは夢？　でもシンデレラのエプロンのポケットにはきらきら光るくつが片方はいっています。夢ではなかったのです。そこへ王子さまがおちていたくつの持ち主をさがしにきました。おねえさんたちはそのくつをはこうとしますが、はけません。そのとき、シンデレラのエプロンのポケットからくつがおちました。シンデレラこそ、王子さまがさがしていた娘だったのです。

アシュトンの『シンデレラ』で演じる、ルーク・ヘイドン、ギャリー・エイヴィス、ウェイン・スリープ。2010年英国ロイヤル・バレエの公演より。

1949年の『シンデレラ』でいじわるなおねえさんを演じるアシュトン（左）とヘルプマン（右）。このときのシンデレラはマーゴ・フォンティーンです。

【インフォメーション】

初演：1948年、イギリス、ロイヤル・オペラ・ハウス。
音楽：セルゲイ・プロコフィエフ
振付：フレデリック・アシュトン
作品について：アシュトンのはじめての全幕物。パントマイムやコメディをいれて、ほんとうの英国式バレエをつくろうと思っていました。はじめは、アシュトン自身がいじわるなおねえさんの役で踊りました。もう一人のおねえさんはロバート・ヘルプマン。のちに、有名な映画『チキ・チキ・バン・バン』でチャイルド・キャッチャーを演じます。

ロミオとジュリエット

クラシック・バレエ

シェークスピアの有名な舞台作品をもとにしたバレエです。若い恋人たちのお話です。

ストーリー

第1幕、舞台はイタリアのヴェローナ： ロミオの家モンタギュー家とジュリエットの家キャピュレット家は、とても仲が悪くてけんかばかりしていました。あるときキャピュレット家で舞踏会がひらかれ、友だちとこっそりでかけたロミオは、そこでジュリエットに出会います。舞踏会がおわってジュリエットがバルコニーに立っていると、庭にロミオがあらわれました。二人は、好きです、とたがいに気もちをうちあけます。

第2幕、二人だけで結婚式をあげます： ロミオとジュリエットは、ロレンス神父にたのんで、こっそり結婚式をあげてもらいました。ところがジュリエットのいとこのティボルトが、ロミオの友だちのマキューシオを決闘で殺してしまい、ロミオはしかえしにティボルトを殺してしまいます。ロミオはヴェローナから追い出されることになりました。

第3幕、夜明け、ロミオがジュリエットにおわかれをいいます： ジュリエットは、金もちのパリスと結婚するように、と両親にいわれますが、好きなのはロミオです。そこでロレンス神父にたすけてもらうことにしました。神父はジュリエットに眠り薬をのませてみんなに死んだと思わせ、ジュリエットのお墓にロミオをよんで、二人をにがそうとします。ところがロミオには神父のしらせがとどきませんでした。ジュリエットが死んだと聞いたロミオは、恋人のそばで毒をのんで死にました。目がさめたジュリエットは、死んでしまったロミオを見て、剣で胸を突きました。

フェデリコ・ボネッリのロミオと、その友だちのマキューシオ（アレクサンダー・キャンベル）とベンヴォーリオ（ダヴィッド・チェンツェミエック）。

エフゲーニャ・オブラスツォーワとスティーヴン・マックレー。

【インフォメーション】

初演：1965年、イギリス、ロイヤル・オペラ・ハウス。
音楽：セルゲイ・プロコフィエフ
振付：ケネス・マクミラン
作品について：プロコフィエフの音楽をつかう振付家は何人もいますが、ケネス・マクミランもその一人。英国ロイヤル・バレエのこの作品は、ケネス・マクミランのはじめての三幕物でした。初演はマーゴ・フォンティーンとルドルフ・ヌレエフ。カーテンコールは、43回もあったそうです。

不思議の国のアリス
クラシック・バレエ

アリスを踊るベアトリス・スティックス＝ブルネルと、不思議の国の住人を踊るコール・ド・バレエのダンサーたち。英国ロイヤル・バレエの2013年公演『不思議の国のアリス』より。おめんやウィッグで、住人たちがどんな動物なのかわかります。

ルイス・キャロルの本『不思議の国のアリス』をもとにした作品。クリストファー・ウィールダンにとっては英国ロイヤル・バレエで振付けたはじめての、英国ロイヤル・バレエにとっては16年ぶりの全幕物です。

ストーリー

第1幕、舞台はオックスフォード、ある夏の午後：　アリスの家族、リデル一家がガーデン・パーティのしたくをしています。アリスのおかあさんは、ジャムタルトをぬすんだときめつけて、庭師のジャックをクビにします。ジャックのことがすきなアリスは悲しくなりましたが、一家のともだちルイス・キャロルが「写真をとってあげる」といってなぐさめてくれました。ところがキャロルは、カメラをおおう布をかぶったと思ったら、白ウサギになってカメラのかばんにとびこんでしまいます。アリスはおいかけました。するとドシン！　不思議なろうかに落ちました。鍵あながあるのでのぞいたら、魔法の庭が見えます。でもドアには鍵がかかっていてはいれません。そこへトランプのハートのジャックがやってきます。庭師のジャックでした。そして白ウサギといっしょにアリスを不思議な冒険にさそいます。

第2幕、アリスはたくさん冒険します：　いかれぼうし屋のあやしいお茶会をぬけだしたアリスは、魔法の庭にやってきて、ハートのジャックを見つけました。でもジャックはジャムタルトをぬすんだといわれて、ハートの女王とトランプの家来においかけられます。かんか

んにおこった女王は「ジャックをつかまえよ」と命令しますが、ジャックはにげました。白ウサギはアリスをつれて、トランプたちをおいかけます。

第3幕、ハートの女王の庭にきました：　女王は、まちがって白いバラをうえた庭師の首をはねよ、と命令します。アリスと白ウサギは処刑人の注意をそらして、庭師をかくしました。そこにハートのジャックがやってきました。でも女王にみつかり、お城で裁判にかけられてしまいます。証人たちがつれてこられて、アリスもいっしょにジャックは無実だといいました。みんなで無実だといったのに女王は信じません。おのをにぎって、ジャックの首をはねようとします。アリスはもうほかに方法がなくて、一人の証人をおしました。すると、その証人はとなりの証人にたおれかかり、その証人もまたとなりの証人にたおれかかって……と、つぎつぎとたおれていって、お城がくずれてしまいました。みんな、トランプのカードだったのです。

【インフォメーション】
初演：2011年
音楽：ジョビー・タルボット
振付：クリストファー・ウィールダン
作品について：アリスのびっくりするような夢の世界が、カラフルなセットや人形、映像、おめん、工夫をこらした振付で、目の前にひろがります。楽しい場面はたくさんありますが、いかれぼうし屋のタップダンスや、おこってばかりのハートの女王が『眠れる森の美女』にでてきたローズ・アダージオをおもしろおかしく踊るところは、とくに楽しいですよ。

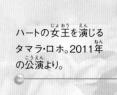

ハートの女王を演じるタマラ・ロホ。2011年の公演より。

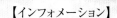

レイヴン・ガール

モダン・バレエ

レイヴン・ガールを踊るサラ・ラム。ずっとほしかった羽をつけてもらった姿です。

幕物の『レイヴン・ガール』は、現代のおとぎ話です。新しい作品ですが、伝統的なストーリー・バレエらしさもあります。『白鳥の湖』のように、半分鳥で、半分人間の女の子のお話です。

ストーリー

ゆうびん屋さんが巣からおちたカラスのひなを見つけました。けがをしているのではないかと心配したゆうびん屋さんは、家につれてかえって、せわをします。やがてゆうびん屋さんとカラスは恋をして、鳥の心をもった人間の女の子レイヴン・ガールが生まれました。おとうさんとおかあさんはこの子をとてもかわいがりますが、女の子は、自分とおなじような子といっしょにいたいと思います。でもカラスの子なんて、ほかにいるはずがありません。女の子はこの腕や足がなければ自由になれるのに、とすら思います。学校はなじめず、友だちもできません。声はしわがれているし、あそぶときも他の子とはちがうことをするからです。

大学生になったレイヴン・ガール、医者からキメラ（からだの一部がほかの動物になっている生き物）についておそわります。そこで、羽をつける手術をしてもらえるかどうかきいてみました。医者はやってくれました。手術は成功しましたが、羽をもった女の子が生きていくのはかんたんではありません。けれどもたいへんなことをのりこえ、ついにカラスの王子さまレイヴン・プリンスと出会って、いっしょにしあわせにくらすようになります。

【インフォメーション】

初演：2013年
音楽：ガブリエル・ヤレド
振付：ウェイン・マクレガー
作品について：これは、原作者であり映像アーティストであるオードリー・ニフェネガーと振付家ウェイン・マクレガーが協力してつくったバレエです。振付家の意見をききながら原作者が登場人物とストーリーと映像をかんがえ、そこから音楽や舞台美術や振付が決まりました。セットには映像もうつしだされますが、現代のバレエではめずらしくない方法です。

レイヴン・ガールのサラ・ラムとプリンスのエリック・アンダーウッド。ウェイン・マクレガーの『レイヴン・ガール』、2013年の公演より。

バレエを見る

華麗なバレエの世界を知ったら、どうしても見たくなりますね。バレエを見るのは、とてもわくわくすること。自分で踊る人も、ただ見て楽しみたい人も、おなじです。

まず行ってみましょう

都会にはおおきな劇場があって、有名なバレエ・カンパニーの公演を生で見ることができますが、チケットが高くてなかなか行けないこともあるでしょう。でもいい方法があります。近くの劇場にくるツアー公演を見るのです。たいていのカンパニーは定期的にツアーをしているので、宣伝のポスターをチェックしたり、近くの劇場にどんなカンパニーがくるかインターネットでさがしたりするといいでしょう。

はじめて見にいくのなら、フレデリック・アシュトンの『ラ・フィユ・マル・ガルデ（リーズの結婚）』がおすすめ。楽しくて、元気な振付で、とてもすてきな作品です。写真は、2010年の公演でリーズを踊るロベルタ・マルケスと、コーラスを踊るスティーヴン・マックレー。

2009年公演の『くるみ割り人形』で踊るエリザベス・ハロッド。『くるみ割り人形』は世界じゅうで人気のバレエで、クリスマスにぴったりのきらきらかがやく作品です。

映画でも楽しめます

映画館で見る方法もあります。大きな劇場でバレエの公演があると、映画のカメラがはいって、国内の映画館だけでなく、海外の映画館へも映像を中継するので、おおぜいの人たちが同時に楽しめます。自分の町にいて、英国ロイヤル・バレエが見られるのですよ。モスクワのボリショイ・バレエも！

テレビでも

ときどきテレビでバレエが特集されることもありますが、いちばんかんたんな方法は、DVDを見ることでしょう。有名な作品はDVDになっていますから、どれでも好きなのをえらべます。はじめて見るなら、『くるみ割り人形』『コッペリア』『ピーター・ラビットと仲間たち』がおすすめです。

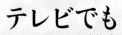

英国ロイヤル・バレエの『コッペリア』で踊る吉田都とカルロス・アコスタ。2000年にBBCで生中継されました。

英国ロイヤル・バレエ制作の『シルヴィア』で、主役のシルヴィアを踊るダーシー・バッセル。

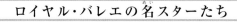

ロイヤル・バレエの名スターたち

ダーシー・バッセル
DARCEY BUSSELL

イギリス人（1969～）
13歳でロイヤル・バレエ・スクールに入学しました。1987年、18歳のときにサドラーズ・ウェルズ・ロイヤル・バレエにはいり、1年後に英国ロイヤル・バレエへうつります。そして20歳という若さでプリンシパルになり、1989年、ケネス・マクミランが『パゴダの王子』でバッセルを主役にしました。それからはずっとロイヤル・バレエにいて、シンデレラや『眠れる森の美女』のオーロラ姫など、ほとんど主役を踊っています。また、ニューヨーク・シティ・バレエやオーストラリア・バレエなど、世界の有名なバレエ・カンパニーでゲスト・アーティストをつとめました。

ジョナサン・コープ
JONATHAN COPE

イギリス人（1963～）
イギリス南西部のデヴォン州で生まれたコープは、ロイヤル・バレエ・スクールに入学するまではウェールズの教室にかよっていました。英国ロイヤル・バレエには1982年にはいり、86年にプリンシパルになります。おもなレパートリーは『白鳥の湖』のジークフリート王子、『ジゼル』のアルブレヒト、『シンデレラ』や『くるみ割り人形』の王子ですが、ほかにもマクミランの『パゴダの王子』初演でダーシー・バッセルの相手役サラマンダー王子を踊るなど、たくさんの役をつとめます。2006年にダンサーを引退、今はロイヤル・バレエのレペティトゥールをしています。

『シンデレラ』の王子を踊るジョナサン・コープ。

『真夏の夜の夢』
THE DREAM

フレデリック・アシュトンの『真夏の夜の夢』で、女王タイターニアを踊るロベルタ・マルケスとオーベロン王を踊るスティーヴン・マックレー。この作品は、シェークスピアの有名な劇『真夏の夜の夢』をもとにしたもので、1964年にシェークスピアの400回目の誕生日を祝ってつくられました。

用語集

アブストラクト・バレエ
物語もテーマもないバレエ。ダンサーの動きだけを見せます。

オーディション
バレエ・スクールやカンパニーにはいるためのテスト、または役をもらうためのテスト。審査員または芸術監督の前で踊ります。

客席
観客がすわって舞台を見るところ。

クラシック・バレエ
正統派のバレエ作品。現在のバレエの形はフランスでつくられ、19世紀にロシアでひろまりました。腕、足、からだのポジションが決められています。

クラスレッスン
ダンサーが毎日するトレーニングの時間。

コール・ド・バレエ
群舞を踊るダンサーたち。

コンテンポラリー・ダンス
20世紀にはいってからつくられたダンス。いろいろなスタイルのダンスを組みあわせています。クラシック・バレエのような形が決まったスタイルとはちがって、即興と大胆な動きをだいじにします。

ジュテ
バレエのテクニック。一方の足でふみきり、もう片方の足で着地するジャンプ。

初演
そのバレエ作品がはじめて演じられること。

ストーリー・バレエ
『シンデレラ』のように物語があるバレエ。

テーマ・バレエ
イメージやアイディアをまとめあげて、ひとつのテーマを表現するバレエ作品。

ディヴェルティスマン
バレエのストーリーとはかならずしも関係ない、少人数の踊り。見ている人を楽しませるのが目的です。

トゥシューズ
つま先までかたく作られたバレエ用のシューズ。これをはけば、バレリーナはつま先で立てます。

ドゥミ・プリエ
かかとを床につけたまま足を外側に回して、ひざを曲げる基本動作。

ネオ・クラシック・バレエ
20世紀のはじめにできたスタイルのバレエ。バレエ・リュスやジョージ・バランシンの作品に見られます。クラシック・バレエのように形が決まった動きをしますが、19世紀のストーリー・バレエのようなこまかなストーリーはありません。

バー
木の手すり。たいていはリハーサル・スタジオの壁についています。ステップやポジションの基本練習をするとき、つかまります。

パ・ド・ドゥ
二人で踊ること。

バレ・ド・クール
世界で最初のバレエといわれる宮廷バレエ。15世紀から17世紀にかけてフランスとイタリアの宮廷でさかんでした。

舞台そで
ステージのわきにあるスペース。公演のとき、ダンサーはここでウォーミングアップしながら出番を待ちます。

振付家
ステップを組みあわせて、踊りの流れをかんがえる人。ダンスをひきたてる音楽や衣装、セットなどを決めることもあります。

プリンシパル・ダンサー
バレエ・カンパニーのなかでいちばん上のダンサー。ソロで踊り、主役を演じます。フランスではエトワールとも呼ばれます。

ポワント
トゥシューズをはいて、つま先立ちで踊ること。基本的にはバレリーナのテクニックですが、男性ダンサーが踊ることもあります。

マイム
言葉や音であらわすのではなく、身ぶり手ぶりでかんがえていることや気もちをあらわします。

レパートリー
バレエ・カンパニーまたはダンサーがよく上演する作品。

ロマンティック・バレエ
19世紀はじめにつくられたバレエ作品、またはロマン主義という芸術運動の影響をうけたバレエ作品。